ANTIQUITEZ D'ARLES

REIMPRESSION

FAITE PAR LES SOINS DE

MM. Félix Seguin & François Seguin
arrière-neveux de l'auteur.

IL A ÉTÉ TIRÉ DE CET OUVRAGE :

150 exemplaires sur papier de Hollande,
5 — sur papier de Hollande teinté,
2 — sur papier de Chine.

N°

LES ANTIQUITEZ D'ARLES

TRAITÉES EN MANIÈRE D'ENTRETIEN, ET D'ITINÉRAIRE ;

Où font décrites plufieurs nouvelles Découvertes qui n'ont pas encore veu le jour.

PAR M. I. SEGVIN D. E. D.

NOUVELLE EDITION

d'après celle de CLAUDE MESNIER, imprimeur du Roy, à Arles.

M. D. C. LXXXVII

AVIGNON	MONTPELLIER
FR. SEGUIN AÎNÉ	FÉLIX SEGUIN
13, rue Bouquerie.	rue Argenterie.

M DCCC LXXVII

A Messieurs

MESSIEURS BERTRAND DE MEYRAN,
D'UBAYE, SEIGNEUR DE VACHERES,
ET DE Ste CROIX; FRANCOIS COTEL
Avocat en la Cour,
JEAN CHARTROVX, ET GVILLAVME
RIPAUD, BOVRGEOIS,
Confuls Gouverneurs de la Ville & Cité d'Arles, Seigneurs
de Trinquetaille, &c.

ESSIEVRS,

A QVI pouvois-je plus juftement offrir les Antiquitez d'Arles qu'aux Gouverneurs de cette Ville, qu'aux Peres de la Patrie, & qu'aux Protecteurs & aux Confervateurs de ces mêmes Antiquitez? Cet Ouvrage, MESSIEVRS, vous appartenoit legitimement, & devoit être confacré à vôtre gloire par toutes fortes de confiderations. Vne feule chofe vous paroîtra furprenante, qu'ayant eu abondamment de quoy remplir plufieurs gros volumes, je n'en donne icy qu'un bien petit; je l'ay fait, MESSIEVRS, pour la commodité du voyageur curieux qui ne laiffera pas neantmoins d'y rencontrer d'affés grandes chofes pour fatisfaire fa curiofité; il y trouvera tout ce qu'on peut defirer pour avoir une parfaite idée de la grandeur à laquelle vôtre Ville fut élevée dans les siecles paffez. Il y apprendra que les Romains eurent pour elle un'eftime particuliere, & qu'ils l'embellirent de grands bâtimens, d'obelifques, d'arcs de triomphe, d'aqueducs magnifiques, & de tout ce qui peut rendre une ville recommendable ; et il ne s'étonnera plus qu'elle foit une des plus fameufes de l'Vnivers, lors qu'il verra qu'elle a été le siege du Prefeƈ du Pretoire dans les Gaules, & que les empereurs Conftantin, Theodofe & Honorius en firent un lieu de plaifir & de delices, aprés l'avoir declarée la Metropole de la plus noble partie de l'Europe.

Il eft vray que cette fouveraine grandeur ne fubfifte pas aujourd'huy dans toutes fes parties, & que cette Ville a beaucoup perdu de fon éclat & de fon luftre. Mais qui ne fçait pas que c'eft le fort des chofes de la terre, de n'étre jamais plus prés de leur ruïne, que quand elles font arrivées au plus haut point ou elles peuvent monter ? C'eft le deftin des plus anciennes villes du monde, dont la plus part ne font plus que des folitudes affreufes, qu'on voit couvertes de rofeaux aux mémes endroits ou l'on voyoit autrefois briller le marbre & le jafpe. La ville d'Arles a eu beaucoup de part à toutes ces revolutions qui ne luy ont pas laiffe tout l'éclat de fa premiere beauté ; mais elle a cet avantage qu'aprés avoir été la merveille des premiers siecles, & enfuite la proye de divers conquerants, elle eft encore aujourd'huy tres-confiderable, & une des principales villes du Royaume.

Mais ce qui fait aujourd'huy le comble de fa gloire, c'eft le bonheur qu'elle a d'étre reünie à la France, & d'avoir toûjours obei avec tant d'ardeur, de fidelitè & d'exaƈitude à Louis le Grand, *le plus aymable de tous les monarques. Quelle gloire pour Arles, que cet augufte Prince, à l'exemple de Conftantin le Grand, dont il eft le parfait imitateur, n'ait voulu confier fa perfonne facrèe, en fon dernier voyage de Provence, qu'aux feuls habitans de cette Ville ? Le peuple d'Arles n'oubliera jamais une faveur fi grande & fi particuliere. Mais ce n'eft pas* MESSIEVRS, *le feul témoignage de bontè que vous avez receu de Sa Majeftè ; sans parler de tant d'autres graces obtenues, & furtout de l'ètabliffement de vôtre Academie Royale, que ce grand Prince nous a accordè preferablement à plufieurs villes confiderables de fon Empire;*

quels avantages ne devez-vous pas attendre du celebre Canal
de communication que ce sage *Monarque, qui est dans une
application continuelle à procurer la felicité de ses peuples,
va faire creuser auprès de vos murailles ? Cette Ville ne doit-
elle pas se promettre, avec raisons, qu'elle verra revenir avec
joye les premiers siecles, ou elle ètoit surnommèe, par le plus
exact des geographes, le plus noble Marché des Gaules ;
qu'elle admirera dans ses Ports l'abbondance de toutes sortes
de marchandises les plus rares & les plus precieuses du Levant;
qu'elle y recevra, comme autrefois, toutes les nations de la
terre qui y seront attirèes par le moyen du commerce que
nôtre grand Roy, le plus magnifique de tous les Roys, y va
rétablir ; & qu'enfin elle sera une seconde fois la veritable
Rome Françoise, & une des plus florissantes de l'Europe ?
Toutes ces choses nous font voir que la Ville d'Arles a quelque
chose de singulier & d'extraordinaire qui doit la preserver de
la fatalité à laquelle les autres sont sujettes, & que sa destinée
luy promet une durée égale à celle de l'Univers.

 C'est, MESSIEVRS, d'une Ville si illustre & si protegée du
Ciel, que vous êtes les Gouverneurs & les Peres. C'est à vos
soins que la divine providence a commis ces restes venerables
que nous admirons de la magnificence des Romains. Conservez
les donc, MESSIEVRS, aussi cherement que vous faites, non
seulement comme des glorieuses marques de l'estime & de
l'amitié dont ces Maîtres de la terre honnorerent autrefois
vôtre Ville ; mais encore dans la consideration que toutes ces
pompeuses ruïnes font en partie ce qu'une ville a de plus beau
& de plus particulier. Le Ciel à qui nous devons le bonheur de
voir en vôtre illustre Gouvernement, tant de noblesse jointe à
tant de pieté, une prudence consommée à tous les agrémens
d'une florissante jeunesse, et tant de moderation chrétienne à
tant de prosperitez éclatantes, veut que vous donniez à ces
beaux restes, qu'il nous a conservez jusqu'icy, un peu de cette
noble application que vous employez si glorieusement à remettre
les affaires publiques. Elles étoient dans un état si deplorable,
qu'elles avoient besoin d'une sagesse & d'une vigilance aussi
grande que la vôtre, qui donne de l'admiration à tout le monde.

Nobilissimũ Galliarum Emporium. Strabon. liv. 4.

Pourſuivez, MESSIEURS, une courſe ſi glorieuſe ; continuez à nous donner des preſages ſi aſſurez du bonheur public ; ce ſont là les attentes de tous les habitans de cette Ville, qui ſont inceſſamment des vœux au Ciel pour la conſervation de vos illuſtres perſonnes ; mais en même-temps j'oſeray vous ſupplier, MESSIEURS, de prendre ſoûs voſtre protection ce petit ouvrage comme pouvant peut-être contribuer quelque choſe à la gloire de la Patrie. Je croïray mon travail bien recompenſé s'il a le bonheur de vous plaire, & ſi je puis vous marquer par là, le zele tres-ardent, & le profond reſpect, avec lequel je ſuis

MESSIEURS,

Vôtre tres-humble, tres-obeïſſant
& tres-obligé ſerviteur,
JOSEPH SEGUIN.

A MONSIEVR JOSEPH SEGVIN
fur fon Traité des Antiquitez d'Arles.

LE tems avoit détruit ces riches bâtimens,
Dont nos Ayeux faifoient leurs plus beaux ornemens,
 Et la fuite de plûfieurs âges
 Ne nous laiffoit entre les mains
Que les triftes debris de tant de beaux ouvrages,
Qui furent autrefois admirez des Romains.
 Il ne reftoit du bel antique
 Que des marbres fumeux,
 L'on ne voyoit que plâtre & brique,
 Au lieu d'un Theatre fameux.
 Mais aujourd'huy vôtre induftrie,
Dans ce petit Traité reprefente à nos yeux,
 Tout ce que firent nos Ayeux,
 De plus parfait pendant leur vie.
 En quoy vous avez cette gloire,
 Que confacrant vos foins à leur renom,
 En éternifant leur mémoire,
 Vous éternifez vôtre nom.

Dominique Gerardin, de la
Compagnie de Iefus.

A MONSIEVR SEGVIN
fur fon Livre des Antiquitez d'Arles.

VOus qui nous découvrez avec tant de lumiere,
Les threfors precieux de nos Antiquitez,
Etalant leur grandeur & leur forme premiere,
Vous leur donnez encor des nouvelles beautez,
De leurs obfcuritez vous tirez voftre gloire,
Confacrant voftre nom au temple de Memoire.

l'Abbé de Varadier.

ARELATIS ANTIQVITATVM AVCTORI
meritissimo Epigramma.

P*Arce mihi natale solum, mihi parcite Cives,*
  In decus Auctoris, carmine, vera loquor,
Ruderibus Seguini, Arelas effossa resurgit,
  Pulchrior è tumulo, quam mòdo viva manet.

Remuzat.

AVTRE DV MESME AV MESME.

I*Nterprette sçavant des monumens antiques,*
  Malgré les efforts des Critiques,
Tu fairas convenir toutes les Nations,
  Qui liront cette belle Histoire,
Qu'ayant donné le jour à tant d'Inscriptions,
  On en doit graver à ta gloire.

Remuzat.

A MONSIEVR SEGVIN
sur ses Antiquitez d'Arles.

T*On Livre que chacun admire,*
  Nous fait voir des Romains tant de riches thresors,
Qu'on seroit en peine de dire,
Qui te doit plus, Seguin, des Vivans ou des Morts.

L. Chantal.

AV MESME.

M*Arbres ensevelis dans un oubli honteux,*
  Seguin vous a rendu vostre splendeur ancienne,
Et vous n'avez êté par les ans abatus,
Que pour mieux relever vostre gloire & la sienne.

Le cadet de Remuzat.

AV MESME.

QUe ton genie eſt grand, que ton deſſein eſt beau,
De redonner l'éclat à des choſes paſſées,
 Et ſans couleur & ſans pinceau,
 Nous repreſenter de nouveau,
De cent Antiquitez les beautez effacées.
 Arles n'avoit plus rien de ſa grandeur premiere,
Ce n'étoit qu'un amas de funeſtes debris,
 Sa gloire comme ſa matiere,
 Confondüe avec la pouſſiere,
Se perdoit pour jamais, ſans tes ſçavans écrits.

Brunet, Docteur en Medecine.

JVGEMENT DE L'ACADEMIE ROYALE,
envoyé à Monſieur Seguin, ſur ſes Antiquitez d'Arles.

IE ſçay que certains mots conſacrez à l'Hiſtoire,
Loin d'en ternir l'éclat en rehauſſent la gloire ;
Et ce ſeroit ſouvent un ſcrupule enfantin,
De craindre les Echos du Grec & du Latin.
Mais lorſque ſans ſouffrir ni tort ni violence,
La vérité s'ajuſte avecque l'elegance ;
La raiſon, cher Seguin, peut avoir condamné
Tout ce qui nous ſembla Latin ou ſuranné.
Pour moy qui de tous ceux qui grimpent le Parnaſſe,
N'ay que le moindre nom & la derniere place,
Sans ſeduire les gens qui pouvoient me loüer,
Au fameux Victorin je le fis avoüer.
On ſçait que les Sçavans cedent à ce grand homme
L'art de faire de vers, au langage de Rome,
Que ſi j'en étois crû, me diſoit-il un jour,
Je fairois couronner la langue de la Cour,
Et malgré ces flateurs, on verroit tes penſées,
Au premier rang d'honneur ſur les nôtres placées.

Il n'eſt que le College, ou le vieux Eſchevin,
Qui faſſe triompher aujourd'huy le Latin ;
Mais le vieux Eſchevin peut-il bien ce qu'il oſe ?
Donner au Latiniſme un droit d'Apotheoſe ?
D'une langue étrangere adorer les appas ?
Et la porter ſi haut, luy qui ne l'entent pas ?

Je pourrois Monſieur, continuer les honneurs de la langue Françoiſe ; mais à quoy bon faire argumenter nos Muſes contre vous, qui demeurez d'accord avec elle de tout ce qu'on vous a dit en faveur de cette aymable langue, & qui en faites ſi bien les honneurs dans vôtre hiſtoire des Antiquitez de la Ville d'Arles ; je ne vous en dis mes ſentimens dans le peu de vers que voilà, que pour vous faire connoître ceux d'ũ des meilleurs Poëtes Latins qui ſoit en France. Ce n'eſt pas que ſes ſentimens n'y les nôtres vous accuſent de rien ; tous ces Meſſieurs de l'Academie Royale qui ont veû vôtre livre, l'ont fort eſtimé : Et je penſe de bonne foy qu'on peut conclure en faveur de vôtre Hiſtoire, qu'elle eſt fort bien écrite, que s'il y a quelque lieu de ſcrupule ſur deux ou trois mots tirez du Latin, cela ne vaut pas la peine de s'en dédire, d'autant mieux (& c'eſt dequoy nos Confreres * de l'Academie Françoiſe conviennent avec nous) que le mot lachrymatoire, exprime mieux ce ſemble cette venerable & cachée Antique dont on parle, que larmoir, qu'on ne trouve écrit nulle part. *Hanc ſacram & reconditam Antiquitatem ſapit.*

Pour ce qui eſt du bel Antique, ou de la belle Antiquité, vous ſçavez ce qui en a été dit, & comment on ſe peut accommoder avantageuſement de ces deux termes. Vous en avez compris les divers regards & la juſte & veritable ſituation. Il ne me reſte qu'à vous remercier de la part de toute une Compagnie que vous avez tant honnorée dans vôtre Livre, & que vous avez miſe en un ſi beau jour, qu'elle a bien de la peine à vous marquer ſa reconnoiſſance toute entiere ; recevez-en donc ce petit échantillon, de peur que ſi elle vous donnoit autant de loüanges que vous en meritez, elle ne ſe fît une affaire avec l'Envie, qui ne manqueroit pas de s'écrier & contre vous, & contre elle, que ce ſont là des loüanges achetées de part & d'autre, & payées à un juſte prix.

La premiere fois qu'on lût vôtre livre, on admira vôtre Art
d'enchaffer tant de differentes Piéces, en un fi petit efpace,
que s'il falloit faire l'apologie de cette breveté, on pourroit
dire qu'elle n'eft pas du pur hazard, & que la raifon s'en eft
mélée; vous n'avez pas fimplement réduit vôtre hiftoire en
abregé, vous en avez voulu faire un extrait, comme on fait
des fleurs, ou des odeurs qu'on réduit en effence, & qui n'ont
rien que de précieux en petit volume; en effet elle eft une
pure effence de tout ce qu'il y a de remarquable dans nos
Antiquitez; rien de fuperflux, rien d'inutile, rien de défec-
tueux, la patience des lecteurs ne fçauroit être rebutée; en
un mot, on peut appeller l'Hiftoire du Sieur S E G U I N, une
hiftoire en mignature, comme on dit de ces petits portraits
qui enlevent l'eftime & l'admiration des gents.

Voicy ce qu'on dit au fujet de voftre Livre la deuxiéme fois
qu'on le vid; si l'Autheur avoit befoin de fe montrer par des
loüanges, & fi pour expliquer fon caractere, il n'étoit pas
mieux de laiffer tout faire à fon livre, nous dirions, aprés
l'avoir lû qu'il nous femble un Autheur fort fage, dans fes
raifonnemens, d'une grande erudition, & qu'il a beaucoup
merité de la patrie, par cent recherches curieufes, qu'un moins
zelé compatriote auroit laiffées dans la terre, ou dans la pouf-
fiere d'ou il les a retirées.

Pour ce qui eft du Style, & de l'élegance, & de toute la
jufteffe des parties, ce feroit faire tort aux honneftes-gens,
aux illuftres curieux, pour lefquels cette lecture eft deftinée,
d'en parler; tout ce qu'on en peut dire, c'eft que les plus
exats Modernes n'y trouveront prefque rien qui ne foit confor-
me aux Regles de la belle éloquence, & de l'hiftoire; il conduit
la fienne avec tant d'Art, ou pour mieux dire, avec fi peu d'Art
qu'il n'ennuye jamais, & qu'õ fe delaffe méme en le lifant; il
ne dit rien de trop, tant il eft jufte, il ne laiffe rien à dire tant
il eft fidelle. Icy toute l'antiquité fe reprefente avec fon attirail
venerable, mais elle fe répresente clairement & fans voile. On
y voit clair jufques dans les tombeaux, & dans les mifteres des
anciens, & cela fans art & fans figure.

On dit encore beaucoup de chofes à vôtre avantage Monfieur : mais toûjours avec verité, je n'en ay pû recueillir que

ce vous voyez icy que je vous envoye pluſtôt pour l'honneur
de l'Academie, que pour le vôtre, car je ſuis ſeur que toutes
les perſonnes de bon gouſt en jugeront comme

MONSIEUR

Vôtre tres-humble & tres-obeïſſant
ſerviteur,   ROBIAS
Secretaire perpetuel de la compagnie.

Ad doctiſſimum Dominum IOSEPHVM SEGVIN

In Antiquitates Arelatenſes.

Quæ miranda prius, Lector ſtudioſe, fuerunt,
Jam ſimulachra ſuo nuda decore jacent.
Quæ tamen in libro Seguinus condidit iſto,
Hæc hominum nullo ſunt peritura die.

DESRABINES, Prêtre & Docteur en
Theologie, Aumônier de Monſieur.

A monſieur SEGVIN, ſur ſon livre des Antiquitez d'Arles.

Stances.

Incomparable eſprit, rare & fameux genie,
Vous donnez à penſer à tous nos Curieux,
Lors qu'on leurs dit que vous donnez la vie
A nos Ayeux.
Mais après qu'ils ont lû vôtre admirable livre,
Ils ne diſputent plus, ils demeurent d'accord
Que vous ſçavez l'art de faire revivre
Aprés la mort.

ANTOINE SEGVIN de la Ville de Lambeſc,
Frere de l'Auteur.

A MONSIEUR SEGVIN

Sur son Hiſtoire des Antiquitez d'Arles.

MADRIGAL.

Malgré l'injure des années
Seguin tu nous fait voir encor,
Avecque tant d'éclat des choſes ruïnées,
   Qu'on les compte pour un threſor,
   Et comme les ſoins & les veilles,
Que tu mis à trouver de ſi rares merveilles,
Doivent être pour toy de quelque utilité
   Tu vas tirer par ton Hiſtoire
   Vn riche monument de gloire
   Des Debris de l'Antiquité.

      BEAUMONT D'ARLATAN.

A MONSIEUR SEGVIN

Sur son Ouvrage des Antiquitez d'Arles.

ELoigné du commun uſage
Qui vante l'auteur d'un ouvrage,
   Avec des sentiments flateurs,
Je dis, puiſque tu peins de nôtre illuſtre ville
Les modernes beautez et les vielles grandeurs,
Où elle te doit donner, à moins d'être incivile,
   Et ſon eſtime et ſes faveurs.

    PERRIN, Conſeiller du Roy au ſiège d'Arles.

PREFACE

LES ANTIQUITEZ D'ARLES

ARLES eſt une des plus fameuſes villes de l'Europe, ſoit par les avantages de ſa ſituation & de ſon terroir, ſoit par le grand nombre des privileges dont elle fut enrichie par les Empereurs Romains. Son nom eſt connu & reſpecté des ecrivains les plus celebres ; & ſa renommée s'eſt répandüe juſques dans les Provinces les plus éloignées, ou par tant de belles actions elle a fait paroître la puiſſance de ſes armes, & la valeur de ceux qui l'ont gouvernée.

On n'eſt pas d'accord du nom de ſon fondateur, ni du temps auquel elle fut fondée. Quelques-uns diſent qu'elle fut bâtie par les Hebreux ; & qu'Areli, dont il eſt parlé dans la Geneſe, en jetta les premiers fondemens. Les autres veulent qu'elle fut conſtruite par les Troyens, & par Arelon, neveu du Roy Priam ; mais tout cela eſt fort incertain.

Quelques partiſans de Marſeille, un peu trop zelez pour leur patrie, la font colonie des Phoceens qui vinrent de l'Aſie Mineure, & qui fonderent Marſeille ; mais ſi cela étoit veritable, Strabon le plus exact des anciens geographes, qui décrit, avec un ſoin particulier, toutes les Colonies que les Grecs planterent dans cette contrée, comme Nice, Frejus, Antibe, Hieres, Toulon, Agde, & quelques autres, n'auroit pas oublié ſans doute la ville d'Arles qui étoit la plus conſiderable. Il y a plus d'apparence qu'Arles eſt cette ville abordée par ces mêmes Grecs, ou le roy Senan tenoit ſa cour, à qui ces etrangers demanderent permiſſion de bâtir Marſeille, au rapport de Iuſtin, qui aſſeure que la ville ou ce Prince demeu-

DE LA
FONDATION
D'ARLES

Geneſ. c. 46,
v. 16.

Raymond de
Souliers, en
ſes Antiq. de
Marſeille.

Strabon. lib. 4.

Iuſtin. lib. 43. roit, étoit aſſiſe prés de l'emboucheure du Rhône; puiſque nous ſçavons que la mer s'eſt retirée de quelques lieües d'Arles ; comme nous pouvons le juſtifier par quelques tours, ou forterefſes qu'on a été obligé de faire en divers temps, à meſure que la mer s'eſt retirée ; par quelques étangs qui deviennent la mer ; par pluſieurs terres qu'elle à laiſſées qui ſont entierement ſalées ; & par cette inſcription antique, qui fait mention de la mer d'Arles en ces termes :

<table>
<tr><td>

Cette inſcription fut trouvée dans l'Egliſe de S. Gabriel. Ie l'explique ainſi : Iulie Nice conſacre ce monumét à Marc Frouton Euporin ſon tres cher époux, Sextumvir dans la colonie de Iule César & d'Auguſte établie à Aix, Gouverneur des Navires de la mer d'Arles, Procureur du même Corps, Intendant des Matelots de la Durance, & du corps de ceux qui avoiét ſoin des Canaux de Saint-Gabriel.

</td><td>

M. FRONTONI EUPOR.
IIIIIVIR AUG. COL. IULIA
AUG. AQUIS SEXTIIS NAVICULAR.
MAR. AREL. CURAT. EIUSD. CORP.
PATRONO NAUTAR. DRUENTICORUM
ET UTRICULARIORUM
CORP. ERNAGINENSIUM
IULIA NICE UXOR
CONIUGI KARISSIMO.

</td></tr>
</table>

En effet qu'elle pourroit être cette ville ou ſe tenoit cet *Oppida latina Aquæ ſextia Salyorum, & Avenio Cavarum Plin. lib. 3, c. 4. hiſt. nat.* ancien roy, ſi ce n'eſt Arles ? Ce ne ſont pas les villes d'Aix, & d'Avignon, que Pline appelle des villes latines, & qui n'ont été fondées par les Romains, que long temps aprés Marſeille. Ce n'eſt pas le petit bourg de Nôtre-Dame de la Mer, ni le lieu de Fos, qui ne ſont pas ſeulement marquez dans l'ancienne Carte de Provence. Ce n'eſt pas non plus la vieille Heraclée dont parle le même Pline, qui, ſelon le Sr. Poldo d'Albenas, dans ſes Antiquitez de Niſmes, eſt aujourd'huy St.-Gilles ; parce que, ſelon ces auteurs, Heraclée étoit renfermée dans le païs des Arecomiciens. Il ne reſte donc que la ſeule *Poldo d'Alben., Antiquitez de Niſmes.* ville d'Arles qui étoit la capitale du royaume de Senan & des Segoregiens. C'eſt le ſentiment de tous les hiſtoriens modernes qui ont traité cette matiere, qui diſent tous que le *Dupl. hiſt. de Fran. ; Rufi, hiſt. de Mar-* fondateur de Marſeille épouſa la fille du roy d'Arles, & qui tirent de là une preuve inconteſtable de la tres grande anciennetédecette ville. Mais d'établir quelque chofe de certain fur fon *feille; du Vair, dans fes diverfes œuvres; Bouche, hift. de Prov.* origine, & fur le nom de fon fondateur, c'eft ce qui eft bien difficile, & c'eft avec raifon qu'un ancien poete chante ces vers :

Vrbs Arelas fundatoris cognomine primi,
 Hoc dixiffe ferunt, incerto tempore nomen.

S'il eft permis neanmoins de fe fervir de quelque conjecture, *Eurice.* dans un fujet fi obfcur, on pourroit dire, fuivant l'opinion d'Ifidorus, qui rapporte qu'Arles, Narbonne, & Poitiers furent *Ifidorus, lib. 15, c. 1.* fondées par leurs propres habitans ; que la ville d'Arles fut conftruite par les anciens Gaulois, trois ou quatre fiecles aprés le deluge, qui eft le temps auquel quelques villes furent bâties dans la Gaule Celtique, au têmoignage de C. Champier dans le livre qu'il a fait des fondations, & bâtimens des villes affifes dans les trois Gaules. Car il eft certain que ces premieres familles qui s'étoient répandües fur la terre pour chercher les endroits les plus propres à la vie, voyant la charmante fituation de ce lieu, confiderant au côté du Levant une petite colline, pres de laquelle cette ville eft affife , qui leur fourniffoit *Le Moleirés.* abondamment toute forte de pierres pour bâtir ; au Couchant *La Camargue.* un terroir le plus fertile & le plus agreable du monde, capable de nourrir une province entiere, où même le fel fe forme naturellement, & la commodité du Rhône & celle de la mer qui étoit aux environs ; au Septentrion le même fleuue qui arrofe fes murailles, & qui leur ouvroit un commerce facile avec tous les païs du Nord ; au Midy une plaine d'une immenfe étendüe grandement eftimable par fes pâturages excellens, & *La Crau.* par la qualité naturelle qu'elle a de produire des vins les plus delicieux de la contrée ; enfin un climat fi temperé, un air fi doux, & fi propre à procurer ce bon naturel qu'on a toûjours admiré dans les habitans de cette ville ; tous ces avantages invitoient puiffamment ces premiers hommes à s'arrêter en *Plin, lib. 3, cap. 4, Hift. nat.* un fi bel endroit, & d'y conftruire la ville d'Arles ; car il ne faut pas douter que les lieux les plus propres à la vie & au commerce, n'ayent été habitez les premiers, felon la judicieufe remarque de C. Champier qui cite ce diftique :

Lector prima fciat, loca primùm habitata fuiffe,
 Quæ optima erant vitæ, commoda quæque lucro.

DE LA
SITUATION
D'ARLES

Quant à l'étymologie du mot *Arelas*, ou *Arelate*, Arles, il y a quatre opinions differentes. *La* 1. fait venir *Arelas* du mot grec Αρησλας qui fignifie peuple de Mars, peut être à caufe que cette ville à produit de tout temps dans les armées des cœurs intrepides. La 2. eft de Gervafius qui tire *Arelate* du mot latin *aralata* Autel élevé, fur lequel les anciens faifoient leurs facrifices, comme nous verrons dans la fuite. La 3. luy donne une autre interpretation, difant qu'*Arelate* vaut autant que fi l'on difoit *Area lata*, qui fignifie un terroir fpacieux, parceque le terroir d'Arles eft d'une fi grande êtendüe, qu'il contient plus de quarante lieües de circuit; et la 4., qui paroit la plus uray semblable, eft de Cambdenus, dans la defcription qu'il a fait de la Grande-Bretagne, où il dit que le mot *Arelas*, en langue Britannique, qui étoit la même que la Celtique, ou Gauloife, fignifie une ville baftie fur un fond humide, car AR veut dire deffus, & LAIH humide. Ce qui peut avoir efté la veritable caufe du nom de cette ville, qui fut conftruite entre une riviere, & la mer. Et cette etymologie eft confirmée par le fçavant Gaffendi, en la vie du fameux Monfieur de Peyrefc.

DE L'ETY-
MOLOGIE
D'ARLES.

Mais pour donner à mon Lecteur, en peu de mots, une idée generale de l'hiftoire d'Arles, ie dois luy dire que cette illuftre ville fut premierement gouvernée par les anciens Gaulois, parmi lefquels nous contons Senan, Conan, aufquels Monfieur le Prefident du Vair, & quelques autres ajoûtent Caramand; qu'elle fut habitée par les Grecs qui l'appellerent Theline, c'eft à dire mamelle, du moins fi nous en devons croire Avienus par ces paroles :

Feftus Avienus, De ora maritima.

> *Arelatus illic civitas attollitur,*
> *Theline vocata fub priore fæculo,*
> *Graio incolente.*

Qu'elle fût une des principales colonies des Romains; que Iule Cefar y fit conftruire douze galeres, avec tant de diligence, que, depuis le jour qu'on coupa le bois, elles furent achevées, & prétes à combatre dans trente jours; que le même prince, étant de retour à Rome, aprés la conquéte des Gaules, envoya

Céfar, dans fes commentaires, liv. 1. De la guerre civile.

l'an 43. devant la venüe de Iefus-Chrift, Tibere Neron fon
quéteur, pour y conduire une colonie prife des soldats de
la fixiéme legion : ce qui fût la cause qu'on appella cette ville,
Arelate Sextanorum, & Sextanorum Colonia, comme il paroit
par plufieurs infcriptions antiques , & particulierement par
celle-cy, qui fut trouvée à Rome, & dont Iean Ifaac Pontan
fait mention, en fon Itineraire de la Gaule Narbonnoife :

> DIVÆ FAUSTINÆ SEXTANI ARELAT.

Cette même colonie fut appellée par Cefar , lors qu'il fut
arrivé à la fouveraine dictature :

> COLONIA IULIA ARELAT.

Comme plufieurs epitaphes antiques le témoignent.
Antoninus Pius voulut qu'elle porta fon nom, & qu'on l'ap-
pellât :

> COLONIA IULIA PIA ARELATE.

Mais fi la ville d'Arles fut confiderable foûs les premiers
empereurs, elle fût bien plus illuftre, foûs l'empire de Constantin le Grand, & de fes succeffeurs ; puis qu'elle fut choifie
par ces princes pour eftre le fiege du Prefect du Pretoire dans
les Gaules, dont la jurifdiction ne comprenoit pas feulement
toutes les Gaules , mais encore l'Angleterre, l'Efpagne & la
Mauritanie Tingitane. Ce grand empereur y tint fa cour avec
toute fa famille. L'imperatrice Faufte, fa femme, y accoucha
d'un fils qui fut nommé Conftantin le jeune; & ce Prince ayma
tant cette ville, qu'aprés en avoir fait reparer les murailles,
aprés l'avoir ornée de plufieurs grands bâtimens, & même du
fameux obelifque que nous y voyons aujourd'huy , felon la
remarque d'un fçavant auteur * de ce temps, & y avoir fait
tenir le premier concile d'Arles, voulut luy donner fon nom,
& la fit appeller Conftantine. Plufieurs autres empereurs
établirent auffi leur fiege en cette ville, comme Conftance ,
Gallus, & quelques autres, ayant ordonné qu'on y tiendroit,
tous les ans, une affemblée des fept provinces, & que leurs
gouverneurs y viendroient en perfonne, tous les mois d'Aouft,
pour y rendre compte de leur adminiftration, à peine de cinq
livres d'or, pour les contrevenans. La même ordonnance fut

Notes marginales :

Suetonne, dãs la Vie de Tibere, chap. 4.

Plin., lib. 3, chap. 4, Hift. nat.

Goltrius, dãs fon Threfor.

Filiũque fuũ Crifpum ex Minervinã concubinã fufceptũ , itẽ Conftantinũ , iifdem diebus, natum oppido Arelatenfi, Licinianũq; li. filiũ , menfium ferè xx. Cæfares effecit. Sext. Aurel. Victor, De vita & moribus Imp. Romanorũ.

** Dans le vieux bréviaire de la Ste Eglife d'Arles , voir la page 20 , liv. 2.*

Ces Provinces eftoiẽt : la Narbonnoife 1e. & 2e. La Viennoife, l'Aquitaine 1e. & 2e. La Nouëpopulanie ou Gascogne, & celle des Alpes maritimes; & ce reffort chez les Anciens s'appelloit Septimania :

Dans l'hiftoire des Martyrs, & das

Sidonius Appollin. epiftol. 1. libr. 3.

Le Scaliger, in notas Aufonii.

Aufonn. de clar. urbibus.

enfuite confirmée par les empereurs Honore & Theodofe, comme on voit dans une lettre conceüe en forme d'edict, que ces deux princes envoyerent à Agricola, Prefect du Pretoire dans les Gaules, voulant que tout ce qui feroit refolu dans cette affemblée, fut gardé comme une loy inviolable. Et pour obliger tous ces gouverneurs de venir plus volontiers en cette ville, ils leur remontrent, qu'outre les néceffitez publiques qui les obligeoient de s'y trouver, la commodité du lieu eftoit fi favorable, et l'abondance de toutes fortes de marchandifes fi grande, qu'on ne fçauroit rien defirer d'agreable, & de precieux, qu'on ne le rencontrât dans cette ville, par le moyen du trafic de toutes les nations de la terre, qui y apportoient, de leurs païs, ce qu'elles avoient de plus rare. Le titre de cette lettre eft ainsi :

Jmperatores Honorius, & Theodofius,

Agricolæ Præfecto Prætorio

Galliarum.

Ie ne la mettray point icy, tant à caufe de fa longueur, que parce qu'on la trouve par tout, me contentant d'en rapporter ces belles paroles qui font dignes de la curiofité du voyageur :

Tanta enim (continuent ces princes dans cette ordonnance) *loci opportunitas, tanta copia commerciorum, tanta illic frequentia commeantium, ut quicquid ufquam nafcitur, illic commodius diftrahatur. Neque enim ulla provincia ita peculiaris fructus fui facultate lætatur, ut non hæc propria Arelatenfis foli credatur effe fæcunditas; quicquid enim dives Oriens, quicquid odoratus Arabs, quicquid delicatus Affyrius, quod fertilis Africa, quod fpeciofa Hifpania, quod fæcunda Gallia poteft habere præclarum, ita illic affatim exhibetur, quafi ibi nafcantur omnia, quæ ubique conftat effe magnifica, &c.*

C'eft encore en veüe de ce grand commerce, que le poëte Aufonne adreffe ces vers magnifiques, à la ville d'Arles, parlant de fon celebre port, par le moyen du Rhône :

Per quam Romani commercia fufcipis orbis,
Nec cohibes, populofque alios, & mœnia ditas,
Gallia queis fruitur, gremioque Aquitania lato.

Et cette ville ne fut pas feulement floriffante par fon trafic,
foûs ces derniers empereurs, & au temps d'Aufonne, elle
l'étoit déja, foûs l'empire d'Augufte, où elle étoit furnommée
LE NOBLE MARCHE DES GAULES; comme nous l'apprenons
de Strabon qui dedia fon livre à cet empereur, & qui appelle
Arles :

> *Galliarum emporium non parvum.*   *Strabon lib. 4.*

Ce qui eft une preuve convainquante, que cette ville fut
celebre dans le monde, par fon riche commerce, plus de cinq
cens ans; pendant lefquels elle demeura foûs la domination
des Romains. Et aprés avoir reconnu pour fes souverains,
les Goths, foûs Theodoric; les François foûs Childebert, &
fes succeffeurs; aprés plufieurs revolutions, elle fut erigée en
royaume, & eut des roys particuliers qui fe qualifioiët Roys
d'Arles & de Bourgogne. Elle prit enfuite l'etat de Republique, foûs un chef, qui portoit le titre de Poteftat. Les Comtes
de Provence en furent enfin les maîtres jufqu'à l'année 1481,
qu'elle eut le bonheur d'être réunie à la Couronne de France,
par une donation que Charles d'Anjou, dernier Comte de
Provence, fit de tous fes païs, à Loüis II, Roy de France.

Et voila l'idée, que j'avois promife à mon Lecteur de
l'hiftoire de cette augufte ville. Elle eft conceüe en peu de
mots, mais elle ne laiffera pas de nous fervir beaucoup pour
l'intelligence des Antiquitez que nous allons voir. Mais il faut
auparavant que j'avertiffe mon Lecteur de deux chofes, la
premiere, que cet ouvrage eft divifé en deux livres, dont l'un
contient les Antiquitez qui font dans la ville, & l'autre celles
qui font dehors, qui ne font pas en moindre nombre. La
feconde chofe dont ie veux luy donner avis, eft que j'ay traité
ces Antiquitez en forme d'entretien & d'itineraire, y faifant
quelque fois intervenir un illuftre chevalier de Malthe, Alle-
man de nation, natif de Baviere, qui avoit l'honneur d'eftre
connu de Madame la Dauphine; & qui s'eftoit adreffé à moy

pour luy faire voir ce qu'il y a de curieux dans cette ville. Et
ie me fuis fervi de cette maniere d'écrire, comme étant
aujourd'huy la plus en ufage, la plus naturelle, & meme la
plus agrèable, dans ces fortes d'ouvrages.

I'ay ajoûté quelques reflexions fur les principales Antiquitez
de cette ville, que j'ay ramaffées dans ces deux livres, & que
j'ay traitées le plus fuccinctement & le plus exactement que
j'ay pû. Aprés cela, fi ie merite la cenfure de mon Lecteur, ie
ne veux point l'éviter. Mais foit que j'aye affez reuffi pour luy
plaire, foit que ie ne l'aye pas fait, il ne m'eft pas moins
obligé, puisque j'ay tafché de le faire, & il me doit toûjours
fçavoir bon gré de ma bonne volonté.

LES ANTIQVITEZ

D'ARLES,

TRAITEES EN MANIERE D'ENTRETIEN,

Livre I.

CONTENANT LES ANTIQUITEZ QUI SONT DANS LA VILLE.

Chapitre I.

De la place du Marché, & des Thermes des Anciens.

VN voyageur curieux, Chevalier de Malthe, fort fçavant dans les antiquitez, m'avoit fait l'honneur de s'adreffer à moy, pour me prier de luy faire voir ce qu'il y a de curieux dans cette ville ; aprés les premieres civilitez rendües, & quelques entretiens que nous eûmes fur l'hiftoire d'Arles en general, il eft temps, me dit-il, de parcourir cette ville, fi celebre dans les anciens autheurs, qui ont publié fa grandeur, & fi eftimée de tous les antiquaires modernes, par les chofes admirables qu'elle renferme.

Il eft uray, luy répondis-je, que cette ville à été autrefois les delices des Grecs, & des Romains, qui l'avoient rendüe une des plus floriffantes de l'univers ; mais dépuis ce temps là, elle a bien changé de face, par ſes divers gouvernemens, qui dans leurs changemens, luy ont été preſque tous funeſtes. Ces premiers peuples l'avoient embellie de ſuperbes palais, d'un theatre, d'un obeliſque & d'autres ornemens, qui ont été detruits par des guerres ſanglantes, & par le temps qui ruine toutes choſes; mais tout cela n'empêche pas qu'on n'y trouve de beaux reſtes tant au dedans qu'au dehors, qui donnent une grande ſatisfaction aux curieux des antiquitez.

Nous jugeames à propos, pour faire nôtre tour avec ordre, de commencer par l'Egliſe Metropolitaine; & pour y arriver nous paſſames par une fort belle place qu'on appelle le Marché. Nous remarquâmes dans cette place quelques reſtes des Thermes dont ſe ſervoient les anciens. Ce ſont des pierres d'une groſſeur prodigieuſe qu'on voit ſous l'arc antique, & contre la muraille de l'archevêché, au côté de la grande porte de l'Egliſe Metropolitaine, & qu'on croit avoir été des entrées de ces Thermes. On en a découvert beaucoup de ruines ces dernieres années, ſoûs cette place, en creuſant pour faire les fondemens de l'Hôtel de Ville, & ceux du pied-d'eſtail de l'obeliſque. On montroit les fourneaux, & quantité de voutes ſoûtenuës par des pieds droits, qui s'étendoient bien loin ſoûs terre. On remarqua qu'il y avoit une double gallerie, qui ſervoit à ſe promener, devant ou aprés le bain. Elle prenoit ſon jour du côté de la place du Plan de la Cour, par des ſoûpiraux, dont quelques-uns ſe voient encore dans les caves voiſines, & dans la nouvelle ruë qui conduit à la petite porte de l'egliſe de Ste-Anne. Cette double gallerie ſervoit encore d'un paſſage de communication, des grands Thermes qui êtoient dans la place du Marché, à ceux qui êtoient aux environs la cave des Peres Jeſuites, paſſant devant la maiſon de Mr. de Moulin, & faiſant un angle, au coin de la tour de la grande Horloge, pour aller joindre les Thermes du College, comme nous dirons dans la ſuitte. Toutes ces choſes furent conſiderées, avec plaiſir, de nos curieux qui y faiſoient des remarques particulieres, & de tout le peuple, qui y venoit de toutes parts, pour voir ces debris de la magnificence des anciens Romains.

On avoit affurement bien du fujet de s'empreffer', dit le chevalier : car c'étoit en effet quelque chose de bien merveilleux que ces fortes de bains ; particulierement lors qu'ils étoient deftinez pour l'ufage des grands seigneurs, comme s'étoient apparemment ceux-cy, qui pouvoient avoir été conftruits pour le fervice particulier des Prefets du Pretoire , & même des Empereurs, dont nous avons parlé, qui tinrent leur cour en cette ville. Vous fçavez , ajoûta-il , que toutes chofes étoient fi magnifiques dans ces fortes de bâtimens , foit pour les colomnes , les figures , & les rares peintures qui reprefentoient des objets agreables; foit pour les uftenfiles dont on s'y fervoit, que les Romains en faifoient une partie de leurs plus grandes delices.

Et vous n'ignorez pas auffi, luy repondif-je, que ces Thermes tiroient leur origine des Orientaux, qui ne reconnoiffoient prefque point d'autre medecine, & que les Romains en eurent connoiffance, aprés les conquêtes qu'ils firent dans le Levant; & les ayant trouvez excellens pour la fanté & pour la propreté; ils en firent conftruire plûfieurs à Rome , & dans les principales villes de leur empire, n'épargnant rien, pour contenter leur luxe, & pour laiffer à la pofterité des marques éternelles de leur grandeur.

Il faut que je vous avoüe ma foibleffe, interrompit le chevalier : je ne puis voir les debris de ces beaux ouvrages , fans en avoir le cœur attendri, il prononça plûfieurs fois ces triftes paroles du poëte :

> *Tempus edax rerum, tuque invidiofa vetuftas,*
> *Omnia deftruitis !*

Ovid. meta-
morph. lib. 15.

Aprés quoy nous nous avançames pour confiderer l'Obelifque , qui eft élevé dans cette place, lequel donna beaucoup de fatisfaction à nôtre voyageur.

Chapitre II.

De l'Obelisque d'Arles.

IL ne faut pas fortir de cette place fans confiderer de prés le fuperbe Obelifque qui y eſt élevé ; il eſt de marbre granite, haut de 61. pieds, ayant 7. pieds de baſe, & un pied & demi en haut. Mrs. les conſuls de ces dernieres années l'ont fait tranſporter & élever en ce lieu, d'un jardin qui eſt hors la ville, prés la porte de la Roquette. Nous liſons dans les manuſcrits françois que Mr. de Romieu nous a laiſſez ſur les Antiquitez d'Arles, que ce monument fut entierement découvert par l'ordre de la reine Catherine de Medecis, & par celuy de Charles 9. ſon fils. Et le Pere Joſeph Guis, Prêtre de l'Oratoire, rapporte dans la Deſcription de l'Amphitheatre d'Arles, qu'Henri IV. ayant veu le plan des Arenes de cette ville, ordonna de faire demolir les maiſons dont elles ſont couvertes, & d'y élever au milieu la piramide de la Roquette. Mais la mort de ce grand prince empêcha l'execution de ce grand deſſein, & ce monument ne fut élevé que l'an 1676.

On ſe ſervit pour cet effet de huiĉt gros maſts de navires qu'on avoit dreſſez à l'entour du pied-d'eſtail, & liez enſemble par le haut. On y avoit attaché plûſieurs fortes poulies dans leſquelles paſſoient de gros cables qui étoient tirez par huiĉt tours ou cabeſtans qu'on faiſoit tourner en même-temps. Et ces machines eurent un ſuccez ſi heureux, que cette piecé qui peſe, environ deux mille quintaux, ſelon la ſupputation qui en a été faite par des habiles mathematiciens, ayant été ſuſpenduë en l'air par la force des cabeſtans, fut miſe ſur ſon pied-d'eſtail dans un quart-d'heure. Ce qui attira ſi fort l'admiration des ſpeĉtateurs, que châcun pouſſoit des cris de joye, pendant que les fanfares des trompettes étoient interrompues par le bruit des canons qui étoit redoublé de toutes parts. Et

il n'y eut perfonne qui ne donnât des marques d'allegreffe en
ce jour, où la ville d'Arles avoit trouvé le fecret de fe fignaler,
en erigeant un monument éternel, à l'honneur de nôtre invincible monarque, tout triomphant, & tout comblé de gloire,
par les celebres victoires, qu'il venoit de remporter fur ces
ennemis.

En effet cet Obelifque ne fut pas plutôt élevé, que Mrs.
les confuls en firent faire des eftempes, pour les prefenter à
Sa Majefté, qui les reçeut avec toute la bonté qu'ils pouvoient
fouhaiter.

Certainement la ville d'Arles a eu bien du bonheur, dans
le noble ufage qu'elle a fait de cet augufte monument; puifque fans s'éloigner de la coûtume des Egyptiens, qui confacroient ordinairement leurs obeliques au Soleil, dans la ville
d'Heliopolis, qui veut dire cité du Soleil, la ville d'Arles dedie
pareillement à L o u i s l e G r a n d, ce fuperbe monument,
fous la figure de ce bel aftre, que cet augufte monarque a
pris pour Symbole. C'eft pour ce fujet qu'elle a mis, au haut
de cet Obelifque, un globe d'azur parfemé de fleurs de lis
d'or, avec un soleil : pour dire, que comme un feul Soleil
fuffit pour éclairer le monde, L o u i s l e G r a n d eft digne
luy feul d'y regner, & de le gouverner par fa fageffe, & par
fa valeur.

On a gravé quatre belles infcriptions, fur les quatre faces
du pied-d'eftail de cet Obelifque, que nous verrons, auffi-
bien que les autres chofes que nous avons à dire de ce monument, lorfque nous traiterons du lieu d'ou il fut tiré, où nous
avons rapporté la planche.

CHAPITRE III.

De la Ste. Eglise Metropolitaine d'Arles, & de St-Trophime, Primat & Apôtre des Gaules.

L'Obelisque n'est éloigné, que de quelque pas, de cette église, qui est sur la même place, au côté du Levant, dans laquelle nous entrames, aprés avoir consideré son portail, qui est une des plus belles gothiques qu'on puisse voir. Il est soûtenu par six colomnes, où paroit la figure de Nôtre-Seigneur, au milieu des quatre animaux des Evangelistes, & où l'on voit la statuë de St. Trophime, parmi celles des douze Apôtres, ou nous lûmes ces deux vers, qui sont gravez, en lettres gothiques fort abbregées, sur le pallium de cet Apôtre des Gaules :

Cernitur eximius, vir Christi Discipulorum,
De numero Trophimus hic septuaginta duorum.

Ces deux vers ont plus de mille ans d'antiquité, étant là depuis environ l'an 625, qui est le temps auquel cette Basilique fut construite par St. Virgile, un de ses archevêques, comme nous l'apprenons de sa vie, qui se collige, partie de St. Gregoire le grand, partie de Vincens Barrali, & partie de Gregoire de Tours.

Ne faites pas mension de Gregoire de Tours, dans cette rencontre, dit le Chevalier, il ne vous laisseroit pas passer ces deux vers, qui faisant St. Trophime l'un des 72. disciples de Nôtre-Seigneur, supposent par consequent sa mission dans cette ville du temps des Apôtres; ce que cet Historien nie en termes formels, ne mettant la venüe de St. Trophime, que soûs le consulat de Dece, & ainsi il le distingue de celuy dont il est parlé dans l'Ecriture Sainte, qui fut disciple de St. Paul, & de qui cet apôtre des Gentils dit, écrivant à Timothée :

Ad Timoth. *Trophimum autem reliqui infirmum Mileti.*
Cap. 4.

Voicy, fi je ne me trompe, les propres paroles de Gregoire de Tours : *Lib. 1. Hift. Francorum, Cap. XXVIII.*

Hujus (Decij) tempore feptem viri epifcopi ordinati ad prædicandum in Gallias miffi funt, ficut Hiftoria Paffionis sancti martyris Saturnini denarrat : cAit enim : fub Decio, & Grato, confulibus, ficut fideli recordatione retinetur, primum ac fummum Tolofana civitas habere cœperat facerdotem. Hi ergo miffi funt Turonicis Gratianus epifcopus, Arelatenfibus Trophimus epifcopus, Narbonæ Paulus epifcopus, Tolofæ Saturninus epifcopus, cArvernis Stremonius epifcopus, Lemovicinis cMartialis eft deftinatus epifcopus.

Je fçay, luy répondis-je, que cet écrivain n'eft pas pour nous, en cette occafion, et je fçay encore que monfieur de Launoy, docteur de Sorbonne, a pris à tâche de defendre le paffage que vous venez de citer, mais comme il combat la tradition commune receüe en France, & en Efpagne, & même approuvée dans toute l'Eglife, depuis plus de feize siecles : vous n'ignorez pas qu'on regarde cet auteur dans le monde, comme un de ces efprits mal-tournez, qui fe font honneur d'être toûjours particuliers dans leurs fentimens ; et les perfonnes de bon gouft demeurent d'accord, qu'il auroit fait plus fagement d'excufer cet endroit de Gregoire, que de le foûtenir avec tant d'opiniatreté, l'expofant à un nombre prefque infini de difficultez, dont il ne peut le fauver, que par des réponfes frivoles, & par des argumens negatifs qui ne prouvent rien.

Car premierement ce docteur de Paris fuppofe qu'ils n'y a eu aucune miffion apoftolique, aucun martir, ni même aucun chrêtien, dans les Gaules, & dans les autres provinces de l'Empire Romain, devant le temps du confulat du Dece, ce qui eft manifeftement contraire à la tradition, et même à l'hiftoire qui nous apprend qu'il y a eu quantité de martirs dans les provinces, & même en France, long-temps devant le confulat de cet Empereur.

Paul Orofe, qui vivoit plus de cent cinquante ans devant Gregoire de Tours, nous affure, en plufieurs endroits de fon Hiftoire, que la foy étoit dilatée par toutes les provinces de l'Empire Romain, du temps de Neron, & que ce cruel empereur commenda qu'on les perfecutât vivement & dans Rome, & dans toutes les provinces de l'Empire :

Liber 7. Hiftoriarum.
Primus Nero (dit-il) *Chriftianos fuppliciis affecit, ac per omnes provincias, pari perfecutione excruciari imperavit.*

Severe fulpice, que Launoy tire mal à propos de fon côté, rapporte qu'on vit particulierement plufieurs martires en France foûs l'empire de Marc Aurelle, fils d'Antonin, qui fut le temps de la cinquième perfecution, le *ferius trans Alpes,* qu'il ajoûte, ne devant s'entendre, que par rapport à l'Orient, & à Rome, où la religion chrétienne fût premierement établie, & même plufieurs années auparavant, que dans les Provinces qui font au delà des Alpes.

Sub Aurelio (dit Severe), *Antonini filio, perfecutio quinta agitata; ac tum primùm intra Gallias, martyria vifa, serius*
Lib. II. facræ Hiftoriæ. *trans Alpes Dei religione fufcepta.*

Ce qui fait voir que prés de cent ans, devant le confulat de Dece, il y avoit des martirs en France : car Dece fut conful en 252. & Marc Aurelle regnoit en 165. & ce qui montre encore clairement qu'il y a eu une miffion d'hommes apoftoliques en France, long-temps devant le confulat de Dece, qui n'eft autre que celle de St. Trophime, & de fes illuftres compagnons envoyez en ces pays, par le prince des apôtres, St. Pierre.

Mais pour dire quelque chofe de plus particulier fur ce fujet, & vous perfuader entierement de la miffion de St. Trophime, au temps que je viens de vous marquer, je n'ay qu'à vous expofer fimplement une lettre envoyée par vingt prelats, qui êtoient la plus part de saints perfonnages, à St. Leon le Grand. Ce Pape avoit ôté, depuis quelques années, la primatie à St. Hilaire d'Arles, à caufe que ce prélat avoit voulu étendre avec un peu trop de zele, les privileges & l'authorité de *Projectus &* fon eglife, en depofant quelques evêques de leurs evêchez.
Celidonius. Aprés la mort d'Hilaire, Ravennius luy ayant fuccedé, les evêques de la province de Vienne, & de la province Narbonnoife Premiere & Seconde, voyant l'injuftice qu'on faifoit à l'eglife d'Arles, en informerent St. Leon, par une lettre syno-

dale qu'ils luy écrivirent, priant fa Sainteté de vouloir continuer la primatie à cette Metropole dans la perfonne de Ravennius. Et c'eft dans cette lettre que ces Sts. Peres reprefentent à St. Leon les anciens privileges de l'eglise d'Arles. Ils luy remontrent que toute la France fçait, & que le St. Siege ne peut pas ignorer, que la ville d'Arles, qui a toûjours été fi confiderable dans les Gaules, a eû l'honneur de recevoir la premiere le glorieux St. Trophime qui luy a été envoyé par le bien-heureux apôtre St. Pierre, & qu'enfuite la foy s'eft repanduë, peu à peu, dans le refte de cet empire, par la predication, par l'exemple, & par une infinité de miracles de cet Apôtre des Gaules ; & que partant c'eft avec raifon, que cette Metropole a toûjours jouït, depuis St. Trophime, de la dignité de la primatie, dans ce royaume : Vous ne ferez pas fâchez d'en voir les même paroles :

Omnibus et enim regionibus Gallicanis notum eft, fed nec Sacro-fanctæ Ecclefiæ Romanæ habetur incognitum, quod prima intra Gallias Arelatenfis civitas, miffum à beatiffimo Petro Apoftolo, fanctum Trophimum habere meruit facerdotem, & exinde aliis paulatim regionibus Galliarum bonum fidei & Religionis infufum : priufque alia loca, ab hoc rivo fidei, quem ad nos apoftolicæ inftitutionis fluenta miferunt, meruiffe, manifeftum eft facerdotem, quam Viennenfis civitas, quæ fibi nunc impudenter ac notabiliter primatus expofcit indebitos. Jure enim ac meritò ea vrbs femper apicem fanctæ dignitatis obtinuit, quæ in fancto Trophimo primitias noftræ Religionis prima fufcepit. Et plus bas :

Quam quidem antiquitatem fequentes prædeceffores Beatitudinis veftræ, hoc quod erga privilegia Arelatenfis ecclefiæ inftitutio vetufta tradiderat, promulgatis (ficut & fcrinia Apoftolicæ Sedis procul dubio continent) authoritatibus confirmarunt, credentes plenum effe rationis atque juftitiæ, ut ficut per beatiffimum Petrum apoftolorum principem Sacro-fancta Ecclefia Romana teneret fupra omnes totius mundi Ecclefias, principatum ; ita etiam intra Gallias Arelatenfis ecclefia, quæ fanctum Trophimum ab apoftolis miffum facerdotem habere meruiffet, ordinandi pontificium vendicaret, his fecundum religionem utitur privilegiis Ecclefia memorata. C

Ce grand pape aprés que fa premiere chaleur fut paſſée, & qu'il eut été mieux informé de la fage conduite, de la fainteté de nôtre Hilaire, & des anciens privileges de l'eglise d'Arles, luy rendit fa premiere dignité, dans la perfonne de Ravennius, à qui il écrivit une lettre fort obligeante auffi-bien qu'à ces venerables prelats; il ne jugea pas à propos néantmoins de dépoüiller entierement pour lors, l'evêque de Vienne du titre de primat, qu'il n'étendit pourtant que fur quatre villes voifines de Vienne, fçavoir Valence, Tharentaife, Geneve, & Grenoble, ordonnant que toutes les autres villes demeureroient, comme auparavant, foûs l'authorité du Metropolitain d'Arles, ajoûtant qu'il efperoit que pour le bien de la paix, il fe contenteroit, pour le prefent de ce partage, & qu'il ne croiroit pas qu'on luy eût ôté, ce qu'on avoit donné à fon frere.

Baron. ann. 440. n. 62. & in codice M S. fol. 6.

Où il faut remarquer que bien qu'à parler dans la rigueur, cette dignité de la primatie ne fût qu'une commiffion apoftolique, attachée aux perfonnes, & non aux eglifes, & une pure grace, dont les papes pouvoient difpofer abfolument, en faveur de qui il leur plaifoit; il eft certain néantmoins qu'ils avoient égard à l'ancienneté, & à la dignité des eglifes, qui meritoient un emploi fi glorieux, preferablement aux autres qui en êtoient le moins dignes. Le pape Zofime nous fournit une preuve authentique de cette verité, dans fa lettre intitulée : *Zofimus univerfis epifcopis per Gallias & feptem Provincias conftitutis,* en faveur de Patrocle, metropolitain d'Arles , par ces paroles :

Baron. anno 417. num 14. & in codice M S. Arelas. authoritatū Rom. Pontificum & Impp. fol. 3.

Sane quoniam Metropolitanæ Arelatenſium urbi vetus privilegium minime derogandum eſt, ad quam primum, ex hac fede Trophimus fummus antiftes, ex cujus fonte totæ Galliæ fidei rivulos acceperunt, directus est, & le refte.

Cette lettre fut écrite l'an 417. ce qui fait voir qu'en ce temps-là, auffi-bien qu'en celuy-ci, on tenoit par une ancienne tradition receüe dans l'Eglife Romaine, que St. Trophime avoit été envoyé par les apôtres dans la ville d'Arles, & qu'il avoit porté le premier le flambeau de la foy dans les Gaules.

Ces authoritez font convainquantes, dit le Chevalier, & Launoy n'y fçauroit répondre que par des fubtilitez ridicules.

J'entre tout a fait dans vos sentimens; et il ne me reſte que trois petits doutes, dont vous me donnerez s'il vous plaît, l'éclairciſſement. Je tire le premier de l'ancienne tradition receüe dans ce royaume, par laquelle on tient que St. Pierre envoya St. Martial dans l'Aquitaine, St. Eucher à Treves; que St. Clement envoya St. Saturnin à Toloſe, St. Eutrope à Saintonge, St. Denis à Paris, & ainſi de preſque tous les autres premiers fondateurs des egliſes de France : car vous ſçavez qu'il y en a peu de conſiderables, qu'elles ne faſſent venir leur fondateur de St. Pierre, ou de St. Clement : ſi cela eſt veritable, comme on le croit, il ne l'eſt donc pas de dire que toutes les Gaules ont receu les premiers ruiſſeaux de leur foy, de la ſource de St. Trophime.

L'autre choſe qu'on pourroit vous oppoſer ſur l'epoque que vous établiſſez de l'arrivée de St. Trophime, c'eſt que s'il eſt veritable, comme je le crois, que la religion chrétienne, a été receüe dans Arles, depuis le temps des apôtres, on ne ſçauroit aſſez s'étonner que pendant dix ſanglantes perſecutions publiques & generales qui ont été faites contre les chrétiens, depuis Neron juſqu'à Diocletien & Maximien, où il s'eſt paſſé plus de deux cens ans, il y ait eû ſi peu de martyrs dans cette ville ? Cela demande quelque éclairciſſement, comme vous voyez.

Enfin la 3. objeetion qu'on pourroit faire contre la lettre du pape St. Zoſime que vous venez d'alleguer, eſt que Patrocle, metropolitain d'Arles, ayant obtenu la primatie pour la Province de Vienne, & pour la Premiere & Seconde Narbonnoiſe, cette dignité ne fut point continuée à St. Honoré, ni à St. Hilaire, ſucceſſeurs de Patrocle, par les papes Boniface, Celeſtin, & S. Leon, comme ayant été obtenüe par ſurpriſe ; du moins ſelon la remarque de Mr. Maimbourg dans ſon Hiſ- toire du Pontificat de St. Gregoire le Grand.

Tom. 2. *Liv.* 3.

Vos doutes ſont fort judicieux, luy repartis-je ; et pour ſatisfaire au premier, je conviens avec vous, que St. Pierre, & ſes ſucceſſeurs, en qualité de Vicaires de Jeſus-Chriſt, ſont la premiere ſource de la foy, & que c'eſt de là que les divins ruiſſeaux de la Religion, ont été repandus originairement dans les autres eglifes du monde, & particulierement dans celle d'Arles; en vertu dequoy celle-cy a été ensuite la premiere dans les Gaules qui a porté la lumiere de l'Evangile, dans le refte de ce vafte empire, par le miniftere de S. Trophime. Deforte que cet illuftre Saint a merité l'augufte titre d'Apôtre des Gaules, foit parce qu'il fut envoyé des premiers par St. Pierre, comme nous dirons dans la fuite, foit parce qu'il a êté le premier, parmi fes saints compagnons, qui les a animez par fon zele divin, à prêcher nôtre sainte religion, & qui l'a formée, dés fa plus tendre enfance, par fon exemple, & par fes miracles : & c'eft ce qui a donné fujet au pape Zofime de dire ces belles paroles à l'honneur de nôtre Saint : *Ex cujus fonte totæ Galliæ fidei rivulos acceperunt,* & à St. Hilaire celles-cy, qu'il addreffe à la France :

Ex homiliis Sti Hilarij inter Eufebij Emiffeni homilias infertis, & ex officio Sanâi Trophimi in Breviario Arelatenfi.

Ifte enim eft vir, per quem tibi lumen Evangelij, Gallia, primitus corufcavit : in quo, & per quem fanâitatis & miraculorum tibi jubar effulfit : hic tuus pater, hic proprius paftor eft, qui rudem tuæ Religionis infantiam, verbo aluit, exemplo formavit, &c.

Quant à vôtre fecond doute, j'avoüe qu'il eft furprenant que l'eglife d'Arles celebre la fète de fi peu de martyrs, eû égard au longtemps que la perfecution des empereurs à affligé les chrétiens, dans toutes les provinces de l'Empire Romain; mais cela n'empêche pas qu'il n'y ait eû un tres-grand nombre des Martyrs que nous ne connoiffons pas, qui ont fouffert la mort dans Arles pour la foy, foit parce que les chrétiens accablez de tous côtez, par les perfecutions fanglantes des idolâtres, n'avoient pas fouvent le moyen d'écrire les aâes de leurs martyrs, foit que les ayant marquez, leurs écrits ont été brûlez, par les officiers des empereurs, qui n'oublioient rien pour abolir la memoire & le nom de chrétiens. Et il ne fera pas hors de propos de vous faire remarquer fur ce fujet, une tres-ancienne coutume que le clergé d'Arles obferve tous les ans, au jour de St. Geneft, de faire une proceffion generale, & d'aller faire station au milieu des Arenes de cette Ville, pour honnorer, fans doute, cette place qui autrefois a été arroufée, & fanâifiée par le fang de tant de martyrs, qui ont fouffert la mort dans ce lieu, felon la coutume des Romains, qui expofoient ordinairement les chretiens aux lyons affamez, & aux bêtes les plus cruelles, pour les faire devorer. Et ainfi la Ste. eglife d'Arles honnore en ce jour ces martyrs inconnus, dans la fête de l'illuftre St. Geneft fi connu & fi refpecté dans tout le monde par tous les chrétiens. Car de dire qu'il y avoit au milieu de l'amphitheatre, & dans la place deftinée au combat des gladiateurs, une maifon de ce saint, ce n'eft pas avoir la moindre teinture de l'antiquité.

Je viens au troifième doute que vous avez formé fur la lettre du pape St. Zofime, citant pour cela la remarque de Mr. Maimbourg. C'eftoit affurement un grand perfonnage que cet autheur, à qui la France eft redevable d'un infinité de beaux ouvrages. Mais il me pardonnera, fi je luy dis qu'il n'avoit pas bien remarqué cet endroit de nôtre Hiftoire, qui regarde la primatie des Gaules du temps des fucceffeurs de Patrocle, metropolitain d'Arles, qui font St. Honoré & St. Hilaire. Nous avons déjà fait voir que ce dernier poffedoit cette dignité de primat, puifqu'elle luy fut ôtée, comme nous difions, par St. Leon. Et pour ce qui regarde St. Honoré, de qui il est icy queftion, il eft hors de doute que la primatie luy fut continuée par le pape Celeftin, comme il eft facile de le juftifier par une lettre que ce Pontife écrivit aux evèques de la province de Vienne & de Narbonne, dans laquelle ce pape renvoy au jugement d'Honoré d'Arles la cause d'un certain Daniel qui était accufé de plufieurs crimes, par des religieufes dont il avait gouverné le monaftère; où St. Celeftin ordonne qu'Honoré, metropolitain d'Arles, connoîtroit fouverainement de cette affaire, en qualité de fon vicaire apoftolique dans les Gaules. Et cette dignité fut fi confecutivement continuée à tous les archevêques de cette ville dans la fuite des temps, que le St. Siege la regardoit comme un privilege attaché à la Ste eglife d'Arles, en veüe de ce que St. Trophime avait prêché le premier la foy dans les Gaules.

C'eft en cette veüe que les papes Symmaque, Vigile, Pelage, & Agapet, confirmerent ce privilege à St. Cefaire, à Aurelien.

5

Baron. in Annalibus 428. & inter epiftolas Celeft. Papæ num. I.

Symm. epift. ad Cæfar, Arelat. Concil. Gall. tit. I.

& à Sapaudus, archevêques de cette ville, étendant leur jurifdiction fur toutes les Gaules : & c'eft encore en cette veüe *Greg. 1. 2. ep. 4. ind. 10.* que St. Gregoire le Grand, non feulement continua la même dignité à St. Virgile, metropolitain d'Arles ; mais même il vou- *Greg. Tur. l. 9. c. 25.* lut l'honnorer du pallium, qui jufqu'à lors n'avoit été envoyé qu'aux patriarches d'Orient ; de telle forte que ce prelat fut le premier & le feul qui le portoit dans ce royaume, jusques-là *Greg. l. 7. epift. 116. & Maimbourg. Hift. de St. Gregoire tom. 2. Liv. 3. p. 147.* que ce grand pape l'avoit refufé au metropolitain de Vienne, qui le pretendoit, en vertu de certain privilege dont il n'avoit pû produire de bons titres.

Vous fçavez fans doute, continuai-je, que ce pallium, duquel St. Gregoire parle fi fouvent dans fes lettres, était une efpece de manteau imperial, dont les empereurs chrétiens *Voyez le P. Thomaffin, p. 2. l. 5. c. 24. P. de Marca de Conc. l. 6. c. 6. Et Maimbourg Hift. du Pontif. de St. Gregoire le Grand. tom. 2. l. 3.* avoient honnoré le facerdoce royal de l'Eglife, répandant fur eux ce rayon de leur majefté, & voulant que ce fut l'ornement de fes pontifes, & une marque de leur puiffance fur le fpirituel. Il était fait à peu prés, à la façon de nos chappes, à la réferve qu'il était fermé par devant, il était tiffu non de foye, ni de lin, mais de laine, pour reprefénter la brebis égarée que Jefus-Christ le bon-pafteur, l'ayant trouvée, porte fur fes épaules, pour la remettre dans le bercail. C'eft de ce manteau imperial que la statue de St. Trophime est révêtuë, comme vous voyez ; St. Virgile qui la fit faire il y a plus de mille ans, le voulut ainsi, pour nous reprefenter, par cet ornement royal, que St. Trophime étoit ce premier, & ce fouverain prêtre que le Prince des Apôtres avoit envoyé dans les Gaules pour les convertir, & qu'il en étoit le veritable apôtre.

Ces témoignages sont également éclatants & inconteftables, pourfuivis-je ; mais en voicy un autre qui ferme entierement la bouche à Launoy. C'eft un titre authentique tiré de la 67. lettre de St. Cyprien, écrite au pape Eftienne, touchant Martian, evêque d'Arles. Ce prelat s'étoit laiffé infecter des erreurs de Novatius, qui ôtoit à l'Eglife le pouvoir de reconcilier les *Scribantur a te literæ in Provinciam quibus Martiano epifcopo Arelatenfi abften-to, alius in ejus locum fubfti-tuatur quo-* pêcheurs relaps. St. Cyprien écrivoit pour ce fujet à ce fouverain pontife, luy remontrant qu'il êtoit tres-important d'envoyer inceffamment des lettres aux evêques de Provence, afin de depofer Martian, s'il n'abandonnoit le party de Novatius , de peur qu'en qualité de metropolitain , il n'entrenât *niam fpretis collegarum monitis Novatianis erroribus pervicaciter adhæret. Cyprian. ad Steph. Papâ de Martiano Arelat. episcopo. epist. 68.* facilement dans son herefie fes collegues dont il avoit déja méprifé les avertiffemens ; où il faut remarquer , que cela arriva l'an 257. & que nôtre Martian, qui revint enfuite de fon erreur , étoit déja evêque d'Arles , depuis 252. & même l'onziéme des fucceffeurs de St. Trophime , comme il eft folidement juftifié dans les anciens manufcrits de l'eglife d'Arles , produits par Mr. Saxi dans fon pontificat de cette ville page 7.

Ce qui fait voir clairement que la miffion de St. Trophime êtoit déja arrivée dans Arles , devant le confulat de Dece , marqué par tous les Chronologiftes, en 252.

Launoy, voyant que cette lettre les preffoit extremement, a eû affez d'impudence, pour dire dans la premiere édition de fon livre, qu'elle ne fe trouvant point dans les vieux manuf- crits du Vatican , & qu'aucun autheur ancien n'ayant point parlé de ce Martian, evêque d'Arles, c'était une preuve que cette lettre avoit été fuppofée parmi celles de St. Cyprien. Mais il faut le forcer à fortir de ce retranchement , en luy faifant voir que cette lettre n'eft nullement fufpecte.

1°. Par la conformité du ftile, & des expreffions, qui paroif- fent evidemment dans la lettre 54. & dans la 68. avec la 67. dont il s'agit : car comme dans celle-cy St. Cyprien appelle l'herefie des Novatiens : *Hereticæ præfumptionis duriffimam pravitatem,* de même dans la 54. il appelle cette fecte : *Duritiam humanæ crudelitatis :* & dans la 68. parlant encore des Novatiens, *Separamini* (dit-il) *a tabernaculis hominum iſto- rum duriffimorum.*

2°. Bien que cette lettre ne fe trouve point dans les anciens exemplaires du Vatican , on la trouve pourtant dans ceux de Veronne , dans ceux de Corbie , & dans ceux de Cambrona , qui font des plus anciens du monde , & dans les plus vieilles impreffions des lettres de St. Cyprien , felon la judicieufe remarque de Nicolas Rigaltius dans fes fçavantes obfervar- tons fur les Epitres de St. Cyprien , où cet Autheur nous fait remarquer , qu'on ne trouve point de cayers anciens des lettres de cet illuftre pere de l'Eglife , où l'ordre des Epîtres ne foit different, & où même il n'en manque toûjours quelqu'une.

3°. Bien que les anciens autheurs ne faffent point mention de nôtre Martian, dont il eft parlé dans cette lettre, on ne doit pas pour cela la rejetter, puifque la fuivante 68. où il eft parlé de Bafilides & de Martial, dont aucun écrivain, ni ancien, ni moderne, n'a fait menfion jufqu'icy, eft pourtant receuë de tout le monde.

Car il faut que Launoy convienne, malgré qu'il en ait, qu'on n'a que tres-peu de connoiffances des affaires du Chriftianifme qui fe font paffées durant les trois premiers siecles de l'Eglife, foit parce que la perfecution qui opprimoit de tous côtez les chrétiens rendoit la communication des Provinces tres-difficile, foit parce que les écrits, & tous les livres des chrétiens furent tres-exactement recherchez dans toutes les parties de l'Empire, par les edits de Diocletien, de Julien l'Apoftat, & des autres tyrans, & portez dans les places publiques pour y être reduits en cendres, au rapport d'Eufebe.

Edictum fuit ut tum deturbarentur ecclefiæ, tum Scripturæ abfumerentur igni. Eufeb. Pamphil. lib. 3. c. 3. & paffim in eod.

Ces raifons êtoient trop puiffantes pour ne faire pas quitter à nôtre adverfaire fon premier pofte. Auffi, le voilà qui chante la palinodie, dans la feconde édition de fon livre, accordant que cette lettre eft veritablement de St. Cyprien, & il fe retranche à dire que Martian avoit fuccedé à St. Trophime deux ou trois ans aprés fa venuë. Mais il eft facile de le battre en ruïne dans ce dernier rétranchement, où il combat pour Gregoire de Tours, en lui faifant voir nos anciens manufcrits, qui marquent expreffement, comme nous venons de dire, que Martian commença de gouverner l'eglife d'Arles en 252. ce qui n'eft pas fort éloigné du temps marqué par la lettre de St. Cyprien & du pontificat du pape Eftienne, qui fut en 257. Avoüez de bonne foy que ce docteur auroit incomparablement mieux fait d'excufer l'erreur de Gregoire de Tours, & de dire avec Baronius :

Baron. anno 109.

Parcendum eft fimplicitati viri religiofi Gregorij Turonenfis epifcopi, qui, multa aliter quam veritas fè habet æftimans, non calliditatis aftu, fed benignitatis & fimplicitatis voto, litteris commendavit.

Trouvez-bon, pourſuivis-je , que nous renvoyons ce que nous avons encore à dire ſur ce ſujet , au chapitre où nous parlerons de l'epitaphe de St. Trophime.

Le Chevalier, qui avoit un deſir extreme de voir cette sainte Metropole, s'y accorda volontiers ; aprés quoy nous y entrâmes. Nous remarquâmes d'abord qu'elle eſt faite à trois nefs qui ont plus de cent pas communs de longueur , ſoûtenues par des gros piliers qui reſſentent l'antiquité. On voit tout au tour pluſieurs tombeaux enchaſſez dans la muraille avec leurs epitaphes, dont les unes ſont des prelats , & des chanoines de cette egliſe, & les autres des perſonnes de qualité qui y ont été enſevelies. Le Chœur eſt ſeparé de ce grand bâtiment à la façon d'Italie. Le maître autel eſt au fond du chœur , ſur lequel nous vîmes un grand tableau qui repreſente la lapidation de St. Etienne, dont la peinture eſt tres-eſtimée. Il y a au deſſous un tabernacle d'argent richement travaillé. Pluſieurs souverains pontifes * ont celebré ſolemnellement l'office divin ſur cet autel. Mais ce qui eſt plus particulier, c'eſt qu'au ſixiéme siecle, on y celebroit la meſſe en Latin & en Grec , au raport de D. Lucas d'Acheri, benedictin, dans ſon livre intitulé : *Acta ſanctorum Ordinis Benedicti,* dans la vie de St. Ceſaire. Nous nous avançâmes enſuite vers l'entrée du chœur, pour remarquer une inſcription curieuse en groſſes lettres gothiques , assez difficile à lire. Elle eſt au haut de la muraille, au côté des orgues, conceuë en ces vers :

Terrarum Roma   Gemina de luce MagiſtrA
Ros miſſus semper Aderit : velut incola JoſeP
Olim contrito   Letheo   Contulit   OrchO

Pour entendre cette inſcription, il faut prendre la premiere lettre de châque vers, T. R. O. qui font *Trophimus :* en ſuite celles du milieu, qui font G. A. L. *Galliarum :* & enfin les trois dernieres. A. P. O. c'eſt à dire *Apoſtolus,* la lettre H. du mot Joſeph, ayant été tranſportée dans le mot *Orcho,* pour laiſſer la lettre P. toute ſeule : ſi-bien qu'il faut expliquer ainſi cette inſcription :

Trophimus, Galliarum Apoſtolus, ut ros miſſus eſt, ex urbe Româ rerum Dominâ, Gemina de luce, ſcilicet à Petro &

*Paulo Ecclefiæ luminaribus : contrito Orco Letheo, nempe
ftatim poft Chrifti Paffionem, qua Dæmonis & orci caput
contrivit, femper aderit : id eft, femper animas noftras nutriet,
cibo illo, divinæ fidei quem nobis contulit : ut alter Jofeph,
qui olim Ægypti populum fame pereuntem liberavit.*

Il y a grande apparence que S. Virgile, qui comme nous
difions, fit faire ce grand corps d'eglife, y fit encore graver
ces vers, en faveur de l'Eglife Romaine, qu'il appelle la Maîtreffe du monde, contre les pretentions de celle de Conftan-
tinople, dans la perfonne de fon patriarche, qui prit, avec hauteur le titre de Patriarche Œcumenique & univerfel, & qui
voüloit s'égaler en ce temps-là au fouverain pontife, en prenant les mèmes titres d'honneur. Ce patriarche qui fut Jean
4. furnomé le Jeùneur, eut de grands démêlez pour ce fujet
avec St. Gregoire le Grand. Il était bien jufte que St. Virgile
archevêque d'Arles, qui êtoit vicaire apostolique du Pape, &
qui en avoit receu le pallium fi obligeamment, comme nous
venons de dire, donnât des marques publiques de fon zele
& de fon attachement, pour l'Eglise Romaine.

*Mr. Maim-
bourg a traité
à fond de ce
démélé dans
fon Hiftoire du
Pont. de St.
Gregoire le
Grand. tom. 1.
liv. 2.*

Delà nous allâmes voir le trefor qui eft dans la sacriftie,
qui confifte en une Ste arche d'argent, qui renferme prefque
tout le corps de St Trophime, & les reliques fuivantes, dont
on nous donna cette lifte * : Des épines de la couronne de Nôtre Seigneur, de fes vètemens, de l'éponge, du fiel & du
vinaigre de fa Paffion, des habits de la trés Sainte Vierge ;
des os des saints Innocents ; de ceux de St. Pierre, de St.
Paul, & de St. Jean, du pain que Jefus-Chrift benit dans le
château d'Emaus, &c.

** Signée par
les archevé-
ques dans leurs
vifites.*

La plufpart de ces Stes reliques furent apportées en cette
ville, de Jerufalem, par St. Trophime. Nous vimes encore trois
buftes d'argent de la groffeur du naturel, qui font de St.
Trophime, de St. Eftienne, premier martyr, * & de St. Geneft,
lefquels renferment plufieurs offemens de ces illuftres saints ;
cinq caiffes dorées pleines de saintes reliques, trois bel'es
croix d'argent, l'une defquelles renferme, de la vraye Croix
de Nôtre-Seigneur, une petite chaffe d'argent, où eft le crane
d'un des saints Innocens qui furent martyrifez par Herodes,

** Ou paroit
le crane de cet
illuftre St. en-
foncé par un
coup de pierre.*

& une infinité d'autres chofes tres-precieufes, foit en orfreve-
rie, foit en fuperbes ornemens d'autel. De l'eglife, nous allâmes vifiter le Palais Archiepifcopal. On nous fit voir la Bibliotheque remplie de toutes fortes de livres rares & curieux ;
delà on eut la bonté de nous conduire aux Archives, où l'on
nous montra les originaux de plufieurs conciles tenus en cette
ville, comme nous dirons en fon lieu. On y diftingue les
feings & les cachets des prélats qui y affifterent. C'est dans
ces mêmes archives que l'on conferve plufieurs manufcripts
confiderables, & particulierement la Bulle d'or qui contient
les donations & les privileges extraordinaires que les metropolitains d'Arles obtinrent de la liberalité des empereurs. Ils
les declarent princes du St. Empire, avec une fouveraine
jurifdiction, ajoutant fur leurs armes une couronne ducale,
qu'ils portent encore. Cette qualité de prince s'eft montrée
non feulement dans les hommages que les feigneurs de Mont-
dragon ont rendus aux archevêques d'Arles, comme à leurs
fouverains, mais encore dans l'authorité qu'ils avoient de
donner des lettres de nobleffe, par toute l'étenduë de leur
diocefe, & dans les monoyes d'or & d'argent qu'ils faifoient ba-
tre. Comme il paroît en ces archives, aux privileges de Mont-
dragon, & après avoir rendu nos très-humbles remercimens
à Monfeigneur de Grignan archevêque de cette ville & qui en
fait le bonheur depuis plus de trente ans, nous fortimes de
fon palais pour aller voir l'Hôtel de Ville, qui eft vis-à-vis.

Voyez Cefar de Noſtradamus en fon Hiſtoire de Provence fixiéme partie & In ſcrinio codicillorum auro obſignat. & in chartis imperialibus, num. 10. 12. 18. 21. 22.

Chapitre IV.

De l'Hôtel-de-Ville d'Arles.

CEt edifice fuperbe dans fon architecture & magnifique
dans tout ce qui le compofe, eft aujourd'huy le plus bel
ornement de cette ville ; car bien qu'il ne foit pas un des plus
grands, il ne laiffe pas d'être un des plus eftimez, pour fa

ſymmetrie, & pour ſa riche ſituation. Il eſt au milieu de deux places, dont l'une eſt appelée le Plan de la Cour, & l'autre la place du Marché, dont nous avons déja parlé. C'eſt de cette derniere que nous vîmes l'élevation de cet édifice qui eſt d'onze toiſes. Nous obſervâmes que ſa figure eſt quarrée, qu'il eſt bâti d'une belle pierre blanche, & que trois grandes corniches le diviſent en autant d'êtages, & en autant de diffe-rents ordres d'architecture.

Le bas êtage eſt compoſé de ſix gros pilaſtres à la ruſtique, qui en font le deſſein, & qui donnent lieu par leurs entre-deux à un pareil nombre de fenêtres & à un portail magnifique que l'on voit dans les deux façades.

Nous remarquâmes au ſecond êtage un beau balcon, qui eſt au milieu de quatre colomnes hautes de plus de vingt-cinq pieds, & de plus de deux pieds de diametre. On voit ſur les fenêtres de ce ſecond ordre des branches de chênes & de palme, qui, s'étendant ſur le mot *Arelas* qui y eſt en chiffre, marquent la force & les triomphes de cette ville, lors qu'elle êtoit la capitale de l'ancien royaume de Bourgogne, comme *Ligurinus liv. 5.* nous l'apprend par ces vers :

> *Quaque caput regni, ſedeſque fuiſſe vetuſti*
> *Fertur Arelatum, priſcorum curia regum.*

Un peu au deſſous paroiſſent des medailles des ſix pre-miers roys d'Arles, où l'on lit en gros caracteres romains *Boſo* 1. *Arelat. rex.* & ainſi des autres. Parmy ces médailles on remarque des couronnes qui ſont au milieu de deux La-mies. Il y a apparence que l'architecte a voulu faire alluſion par ces Lamies, qui montrent de grandes mamelles, aux noms de *Theline* & de *Mamillaria,* qui ſignifient mamelle, que les Grecs & les Romains donnerent autre fois à cette ville, à cauſe de l'abondance de ſes fruits, & particulierement de ſes grains excellens.

Le plus haut étage eſt enrichi des armes de France & de Navarre. Elles ſont ſoûtenues par deux renommées de douze pieds de hauteur, ayant deux priſonniers à leurs pieds, & au deſſus, la tête du roy, ſous la forme d'un ſoleil, qui fait le couronnement de cet edifice.

Les armes de la ville qui porte d'argent à un lyon d'or accroupy, avec la devife : *Ab ira leonis*, paroiffent fur les deux magnifiques portes de cet Hôtel. Nous y entrâmes par celle qui regarde le Marché, paffant par une fort belle ftrade qui regne devant cette façade. Nous trouvâmes d'abord un grand veftibule d'une figure quarrée, qui renferme plufieurs chofes dignes d'y être confiderées. Nous y remarquâmes les buftes des quatre premieres races des comtes de Provence avec leurs armes au deffous ; ils font placez fur autant de portes vis-à-vis les unes des autres, avec une fymmetrie fort agreable. Mais ce qui paroit de plus eftimable dans ce veftibule, c'eft une voute qui prend naiffance de vingt belles colomnes, hautes de vingt pieds, placées deux à deux. Elles font toutes d'une piece, & d'une pierre auffi blanche que l'albâtre, ayant leurs bafes & leurs chapiteaux enrichis des compartimens à la dorique.

Monfieur Manfar un des plus célébres architectes de ce temps, & qui eft employé aux bâtimens du roy, a donné le deffein de ce fuperbe ouvrage ; et Mr. Peytret originaire de cette ville, architecte & ingenieur de S. M. en a eû toute l'économie, & il a fi-bien conduit la voute, qui eft une des plus hardies du monde, qu'il s'eft acquis par-là une gloire finguliere.

Meffieurs les confuls de l'année 1673 firent commencer ce fuperbe bâtiment, comme on le voit par cette infcription qui eft fur une des portes dans le veftibule :

Anno domini M D C. LXXIII. LUDOVICO MAGNO feliciter regnante, & gloriofe ad Rhenum Mofamque triumphante, Jac. de Grille, Joan. Autram, Gafp. Brunet, Joa. Bap. Jehan. Coff. has ædes publicis civium habentis comitiis extruebant, quod innumerarum fortiffimi Principis victoriarum, fuæque ipforum erga Rempublicam curæ ac vigilantiæ monimentum effe voluerunt.

Et Meffieurs les confuls de l'année fuivante l'acheverent, comme le marque cette autre infcription qui eft fur l'autre porte.

Cette infcription eft de Mr. l'Abbé de Verdier, excellent predicateur.

Affurgente LUDOVICI MAGNI *Gloriâ*
Supra depreffas Germanorum Aquilas
Surrexit,
Harum ædium fuperior pars,
Curis ac vigilantia
Joan. Bapt. de Forbin, Andr. Pazier, Elzear. Vachier,
Andr. Bartholom. Lanaud.
Coff. Anno domini M. D. C. LXXIV.

On a placé au fond du veftibule une fort belle figure du
Roy. Elle eft de la hauteur du naturel, & elle fait une perfpective agreable à la veüe, quand on defcend du grand efcalier. Mrs. Pierre de Sabatier de l'Armeilliere, Pierre de Lofte
ecuyer, Claude Beuf & Gerard Beuf la firent faire pendant
leur confulat, comme on le peut connoître par l'infcription
qui eft gravée fur le pied-d'eftail de cette figure en ces termes :

Imperatoriam LUDOVICI MAGNI *Majeftatem*
Arelas Martia, fuis ut in comitiis, tanquam pre-
fens numen fufpiceret, iconicum ejus fimulachrum
in hac Bafilica publicè coli Senatus confulto fan-
xit, Coff. &c. Anno domini M. D. C. LXXV.

Nous montâmes enfuite par le grand efcalier pour aller
voir les deux principales falles ; nous remarquâmes fur leurs
portes deux buftes excellens, l'un de Charles d'Anjou, dernier
comte de Provence, & l'autre de Loüis XI. qui lui fuccéda,
dans tous fes Etats. Et ce dernier eft enrichi de plufieurs tro-
phées d'armes fur la porte de la grande falle, dans laquelle
nous entrâmes. Cette falle, qui eft une des plus grandes que
l'on puiffe voir, eft magnifique par les fiéges de Mrs. les
confuls gouverneurs de cette ville, qui y tiennent le confeil.
Mais elle fera bien plus fuperbe par les belles peintures, dont
on va l'enrichir, car on nous dit qu'on y devoit mettre dans
quelque temps les portraits de tous les roys de France, & les
tableaux qui reprefenteront l'Hiftoire d'Arles. Delà nous allâmes voir les archives qui sont dignes de la curiofité du voyageur. Elles font voutées deffus & deffous, grillées & fermées
d'une double porte de fer ; & c'eft pour éviter une pareille

incendie à celle qui eſt arrivée pluſieurs fois aux archives de cette ville, où les papiers ont été tous brulez. Ces archives donnent une grande gloire à Mr. Claude Conſtantin, ſecrétaire & archivaire de cette ville, qui depuis ſon conſulat, n'a jamais ceſſé de donner ſes ſoins pour les bien ranger. On nous conduiſit enſuite dans une autre ſalle qu'on deſtine pour y loger Meſſieurs de l'Académie Royale d'Arles, ce qui nous obligera d'en dire quelque choſe, avant que de paſſer outre.

Chapitre V.

De l'Académie-Royale.

EN ſortant de la ſalle du Conſeil, on entre dans une autre à main gauche qui mene dans l'apartement que Mrs. les conſuls, à ce qu'on diſoit, avoient donné à Mrs. de l'Académie-Royale, & cela par l'ordre exprés de S. M. qui fut intimé à feu Mr. de Boche en ſon dernier conſulat, par la bouche de Monſr. le marquis de Chaſteau-Renard, & encore par une lettre de Monſieur le duc de St-Aignan, protecteur de cette noble compagnie. Et je ne ſçaurois vous dire pourquoy ces Mrs. ne ſe ſont pas encore logez dans cet appartement. Ils s'aſſemblent d'ordinaire tous les lundis dans la maiſon d'un *Dans la maiſon du Sr. Gifſon.* de leur corps ; & dans les occaſions conſiderables, où ils veulent rendre leur aſſemblée publique, ils le ſont dans la chapelle des Penitens Gris, qui eſt un endroit ſort propre; comme il arriva à la naiſſance de Monſeigneur le duc de Bourgogne. Monſieur Dubaye de Vacheres, aujourd'huy premier conſul *Cela arriva le 19. octobre 1682. où les academiciens ſe ſignalerent par mille petits ouvrages à la gloire du roy, & par un fort bel opera qu'ils donnerent aux dames.* de cette ville, fut choiſi pour faire le panegyrique du Roi, & il s'en acquitta ſi dignement, qu'il s'attira l'admiration & les applaudiſſemens de Meſſeigneurs nos archevêques, de Meſſieurs les conſuls, & de tout ce qu'il y a de gens d'eſprit & de merite dans cette ville, qui aſſiſterent à cette action. Et ce n'eſt pas dans cette ſeule occaſion, où cet illuſtre gentil-homme a donné des marques éclatantes de ſon brillant genie. L'Hôtel-de-Ville d'Arles & l'Académie de Niſmes ont été pour luy des theatres de gloire, où il a fait paroître ſa noble hardieſſe, ſa bonne grâce & les vives lumieres de ſon eſprit, auſſi-bien que les grandes vertus dont le ciel l'a diſtingué.

Mais revenons à l'Académie-Royale, dont ce gentil-homme eſt un des plus dignes membres.

Je ſuis ſurpris, dit le Chevalier, de vous entendre dire que Monſieur le duc de St-Aignan eſt le protecteur de cette compagnie. Et comment eſt-il arrivé, continua-il, que ces Mrs. ſe ſoient choiſis un protecteur auſſi éloigné, & auſſi occupé que Mr. le duc de St-Aignan ; car il a deux ou trois charges conſiderables chez le Roy, à ce que j'ay oüy dire; il a des gouvernemens de province ; et ſe peut-il faire qu'on ſoit chef d'une compagnie comme celle dont nous parlons, qui ne doit vaquer qu'aux exercices de l'eſprit, lorſque la cour & les autres emplois demandent un homme tout entier.

L'hiſtoire de cette noble compagnie, luy répondis-je, demanderoit plus de loiſir que vous n'en avez, & un rapporteur plus éloquent que je ne le ſuis. Mais c'eſt aſſez que vous ſçachiez pour le preſent que l'Academie d'Arles fut établie par lettres patentes de Sa Majeſté, l'an 1667. & cela par l'inſtante recommandation de Mr. le duc de St-Aignan. Et n'étoit-ce pas là le moindre retour qu'on devoit aux ſoins obligeans de ce duc, de le choiſir & de le demander pour chef & pour protecteur d'une compagnie qu'il avoit luy-même faite, s'il faut ainſi-dire, & qu'il avoit honorée du titre d'Academie par ſon credit. Pour ce qui eſt de ſes emplois de paix & de guerre, qui vous ſemblent une raiſon contre la qualité de protecteur, il ne faut que regarder le Roy & ſes occupations royales. N'eſt-il pas vray que c'eſt le grand exemple que les plus grands du royaume ſe doivent propoſer ? Et n'eſt-il pas encore vray que forcer des villes, ſoûmettre des provinces entieres, gagner des batailles, proteger ſes alliez, châtier ſes ennemis, détruire l'hereſie, être enfin l'arbitre de la paix & de la guerre. ſont de belles & grandes occupations ; cependant ces ſortes d'occupations n'ont pas empeché ce grand monar-

que de fe faire le protecteur de l'Academie-Françoife. On peut
raifonner de même par proportion, ce me femble, fur le fait
de Mr. le duc de St-Aignan. Outre que l'emploi des nos academiciens n'eft pas fedentaire, comme il vous femble, et leurs
exercices ne font pas fimplement les belles fciences, comme
elles le font des autres academies, l'amour du Roy & de la
gloire, & la bravoure font le premier principe de leurs actions ; le foin de polir & d'embellir le langage en eft un autre,
de maniere que le cœur de nos academiciens n'agit pas moins
que l'efprit dans leurs exercices.

Ce n'eft pas que de tout temps il n'y ait eû dans Arles des
braves & des vertueux personnages, & fans aller foüiller dans
les premiers siecles : en l'an 1622. ou 23. fi je ne me trompe,
l'Academie des beaux efprits & de la belle gallanterie fut établie dans cette ville, par Monfieur d'Eftoublon, cultivée &
frequentée par les perfonnes de la premier qualité, des quatre provinces, les chevaliers de Guife, les Mont-morancys,
les marquis d'Oraifon, les Fouilloux, & les Mentis avoient
choifi cette ville, comme une école d'honneur & de politefle,
où les dames & les amours, où les carouzels & les courfes
de bagues, & tout ce qu'il y a de charmes & d'amufemens dans
le beau monde attiroit les etrangers, où tous ceux qui com-
pofoient cette affemblée academique fembloient avoir deffein
d'eternifer l'honneur de leur patrie. Il y a pourtant cette difference entre les premiers & ceux d'aujourd'huy, que ceux-cy
ne font pas fimplement academiciens, parce qu'ils le meri-
tent, mais ils font erigés en academiciens par l'ordre exprés
de S. M. Ils ont leurs statuts & leurs officiers, leur feau &
leur regiftre. Et ce qui eft fort confiderable, ils ont une alliance particuliere avec l'Academie-Françoife, & les mêmes
privileges que cette illuftre compagnie ; en forte que nos academiciens fe rencontrant à Paris, ont le droit de feoir & d'o-
piner, comme les autres dans leur assemblée. Ce qui eft
arrivé plus d'une fois à quelques-uns, qui en qualité de confreres, on été regalez des medailles d'argent, que Sa Majefté fait
diftribuer deux fois la femaine à Meffieurs de l'Academie-
Françoife. Et ces Meffieurs font part, avec d'autant plus de

plaifir de cette faveur extraordinaire à nos **Mrs,** qu'ils font
perfuadez que les perfonnes qui compofent l'Academie d'Arles, ne font la plufpart que des perfonnes de qualité, parmi
lefquelles il y a des evèques, des abbez, des commendeurs,
& des officiers de robbe & d'armée qui ont tous infiniment
du merite & de l'efprit. Nous nous entretenions à peu prés
de la forte, lorfque nous arrivàmes infenfiblement au cabinet,
où l'on montre la statüe d'Arles, fi celebre dans le monde.

❦❦❦❦❦❦❦❦❦❦❦❦❦❦❦❦❦❦❦❦❦❦❦❦❦❦

Chapitre VI.

De la Venus d'Arles.

ETant entrez dans la chambre ou cette figure eft confervée,
le Chevalier la regarda avec beaucoup de fatisfaction ; &
ayant confideré la majefté de fa taile, qui eft plus haute que
le naturel, l'admirable proportion de tout fon corps, & le riche tour de fon vifage, je ne me lafferois jamais, dit-il, d'ad-
mirer un travail fi achevé : & nous pouvons bien luy appli-
quer avec juftice les vers que le prince des poëtes fit autrefois en faveur des statües de Corinthe & d'Athenes :

Excudent alij fpirantia mollius æra :
Credo equidem, vivos ducent de marmore vultus.

Æneid. Lib.

Elle fut découverte l'an de grace 1651. en creufant pour
faire une citerne, proche les deux grandes colomnes élevées
qui font maintenant dans l'enceinte du convent des dames
religieufes de la Mifericorde. On trouva premierement la tète.
Et Mrs. les confuls ayant fait enfuite creufer à l'entour, on
rencontra bien-tôt aprés le corps & les pieds, qui fe tenoient
à la bafe de cette figure. Mais on ne trouva point les bras qui
luy manquent, & qui luy donneroient la derniere beauté.

Il y a toujours eû divers fentimens fur le nom qu'on devoit
donner à cette statüe, & nos fçavans s'étant partagez la deffùs,
chácun a foûtenu fon opinion avec affez de châleur. Monfieur

de Rebatu, confeiller au fiege de cette ville, fut le premier qui l'appella Diane, & qui compofa pour cet effet un petit livre rempli d'erudition. Monfieur Terrin, auffi conseiller au même fiege, & l'un des plus fçavans & des plus curieux de cette province, fit publier encore, plufieurs années aprés, une fçavante differtation, pour montrer que la figure dont il s'agit eft une veritable image de Venus. Et comme les hommes fe font un plaifir à fe contredire les uns les autres, & que c'eft par là qu'on a fait tant de progrez dans les fciences, il n'y a pas long-temps qu'il a paru, fur le même fujet, un troifiéme livre du R. Pere d'Augieres, jefuite, predicateur & poëte excellent, par lequel ce Pere pretend de faire voir que Monfieur Terrin n'a rien prouvé en faveur de Venus, & qu'il y a beaucoup plus d'apparence que nôtre statüe reprefente la Deeffe des forefts, comme l'avoit crû le Sr. de Rebatu. Cette queftion a fait grand bruit dans l'empire des lettres jufqu'aujourd'huy. Voicy les raifons par lefquelles Monfieur Terrin prouve que cette statüe eft une Venus.

Il nous fait remarquer, 1°. que les poëtes Grecs & Latins n'ont jamais reprefenté Diane avec une coeffure auffi galante, que celle que nous voyons en cette figure, & que cette Deeffe fe tenant d'ordinaire dans les bois, & fur les montagnes, portoit fes cheveux negligez, épars & flotans; 2". qu'elle étoit prefque toûjours vêtue d'une robe ferrée fur le fein, & fur le corps, & que, comme elle faifoit confifter toutes fes delices à courre les bêtes, elles méprifoit tous ces atours & tous ces bijoux qui fe fentent tant foit peu de la coqueterie; 3°. il foûtient qu'on ne trouvera point, dans toute l'antiquité, de Diane avec un braffelet, & que la statüe d'Arles en ayant un fur le bras gauche, elle ne fçauroit reprefenter cette Deeffe; 4°. il confirme fon opinion par plûfieurs figures antiques qui paffent pour des images de la mere des amours, comme la Venus de Barbarin, la Venus de la reine de Suede, & la Venus de Florence, qui ont un parfait rapport avec la statüe d'Arles, foit pour l'air, foit pour les draperies qu'on y remarque; 5°. il ajoute à tout cela que nôtre figure ayant été trouvée dans un theatre, que les anciens confacroient d'ordinaire à Venus,

& même au milieu de la scene, il y a lieu de conclure, par toutes ces raisons jointes ensemble, que la statüe d'Arles est la veritable image de Venus.

Le Pere d'Augieres dit au contraire, 1°. que cette figure n'a pas assez de nudité pour representer la mere des amours, & que cette Deesse est peinte d'ordinaire dans une nudité entiere, citant pour cela la Venus de Gnide, & celle de Medicis, qu'on voit dans l'Italie, qui respirent l'impudence & l'effronterie par la nudité entiere de tout leur corps; 2°. il répond que la coeffure galante n'est pas un signe propre & particulier de Venus, que nos dames les plus regulieres ont des coeffures aussi propres & aussi riches ; que les pierreries ont toûjours été l'ornement de la coeffure des reines & des femmes de qualité, & qu'à plus forte raison elles doivent servir pour orner une Deesse qui étoit fille de Jupiter; 3°. il accorde que les poëtes donnent les cheveux épars & flotans à Diane, lorsqu'elle est dans son équipage de chasse, mais il soûtient que, quand elle se presente à l'autel pour reçevoir des sacrifices, elle est proprement coeffée; 4°. quant au brasselet qu'on voit au haut du bras gauche de cette statüe, il dit que ce n'est pas non plus un symbole specifique pour Venus, puisque les dames, & mêmes les guerriers, portoient autre fois des brasselets. Enfin pour ce qui concerne le theatre, il produit l'authorité de Bulenger qui dit, aprés Aristide, que Diane avoit place au theatre, aussi-bien que Minerve, Apollon, & les Muses. Et pour recüeillir, en peu de mots, les autres raisons de cet auteur, il conclud que la taille avantageuse de nôtre statüe qui a plus de six pieds de hauteur, que son air de beauté doux & severe tout ensemble, que l'âge environ de trente ans qu'elle marque, que sa veste trainante, que ses pieds merveilleusement bien faits, montrent que c'est une Diane, non pas en état de chasseuse, mais en disposition de recevoir de l'encens, & des vœux.

La ville d'Arles qui se signale, de temps en temps, en donnant des marques publiques du zele qu'elle a pour le roy, a offert ces dernieres années, à ce grand monarque cette belle statüe, qu'elle avoit cherement conservée depuis trente ans.

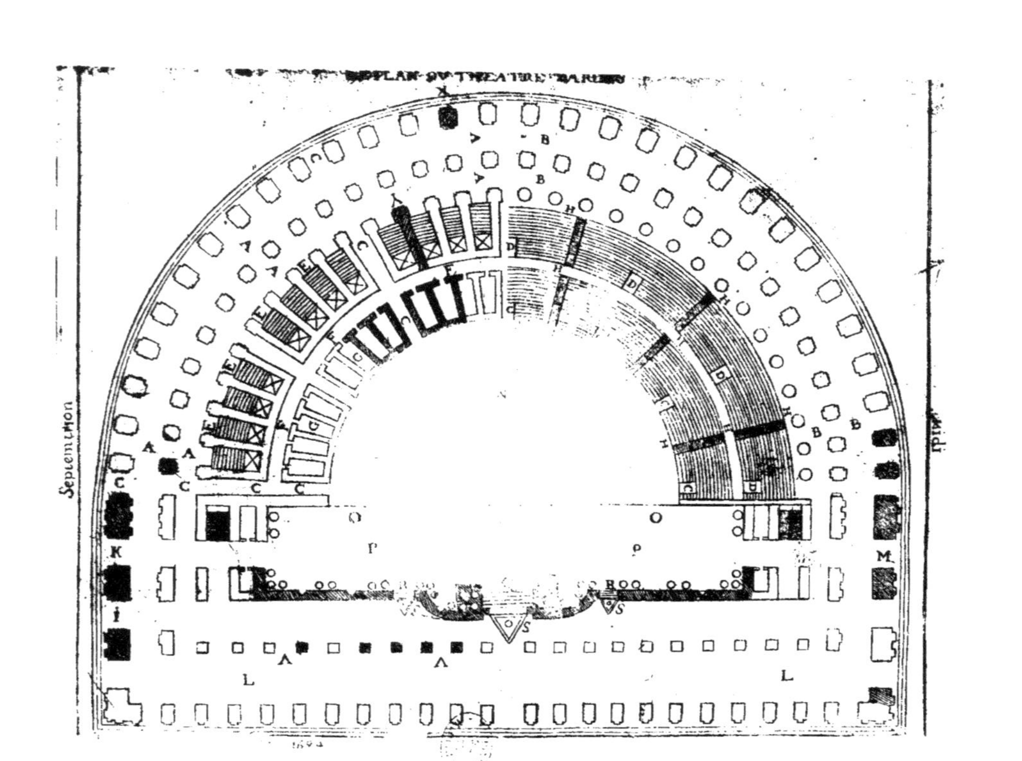
PLAN DU THEATRE D'ARLES
Septentrion
Midi

Elle a pris foin neantmoins d'en faire mouler quelques-unes fur le plâtre, où l'ouvrier à fi-bien reufli, que ces figures modernes, par la blancheur admirable de leur matiere, femblent furpaffer l'antique. Celle-cy qui eft d'un marbre tres-rare a été conduite à Paris, & delà à Verfailles, ou elle fait à préfent un des plus beaux ornemens du magnifique palais que Sa Majefté y a fait bâtir. Cette statüe admirable dans toutes fes parties, n'ètoit defectueufe qu'en fes bras qui luy manquoient, comme on le voit dans la planche que nous avons mife icy. Ils ont été tous deux admirablement reparez en cette maniere : on a fuppléé le droit tout entier, luy ayant donné une pomme d'or à la main, & la moitié du gauche, qui tient un miroir où elle femble fe regarder, ayant gravé au pied-d'eftail de ce chef-d'œuvre de l'art, ces deux mots : LA VENUS D'ARLES. C'eft ainfi que cette queftion à été decidée à Paris, * où l'on a eu beaucoup d'égard au groffes hanches qui paroiffent en cette statüe, & qui ne fçauroient convenir à l'agilité que doit avoir la Deeffe des forets & des montagnes.

fut deputé à Paris en qualité de premier conful, pour offrir, au nom de la ville, cette statüe au roy, qui fit prefent à ce gentilhomme d'une chaine & d'une medaille d'or de grand prix.

* A la gloire de Monfieur Terrin.

❧❧❧❧❧❧❧❧❧❧❧

CHAPITRE VII.

Du Theatre d'Arles.

DE l'Hôtel-de-Ville, nous continuâmes nôtre route dans une ruë qu'on nomme la Calade, en montant vers le Theatre. Pour expliquer en peu de paroles, ce qui nous refte de ce fuperbe bâtiment, il faut fuppofer que le Theatre étoit compofé de trois parties principales, fçavoir des degrez de la scene, & des promenoirs.

Les degrez comprenoient l'orcheftre , les portiques d'en haut, & les vafes d'erain. Les degrez qui fervoient de fieges aux fpectateurs, s'élevoient en façon de colline, afin que ceux qui étoient devant n'empêchaffent point ceux qui étoient

Il faut fe rendre devant l'eglife des dames religieufes de la Mifericorde, où l'on pourra remarquer tout au pres une epitaphe antique en vers La-

7

tins fur un pied-d'eſtail de marbre sur le coin. derriere. Ces degrez étoient portez fur des voutes qui leur donnoient cette diſpoſition, & qui regnoient tout au tour du demi-cercle. On y voyoit, de temps en temps, des entrées & des forties, qu'on nommoit vomitoires, à cauſe de la foule du monde, qui, pour ainſi dire, degorgeoit à la fin des jeux. On y montoit par pluſieurs petits degrez que Vitruve appelle *Scalaria*.

Il y avoit foûs les fieges des fpectateurs 13. petites chambres, dans leſquelles il y avoit des vaſes d'erain, dans les lieux confiderables, & dans les autres qui ne l'étoient pas tant, des vaſes de terre cuite ouverts feulement d'un côté ; & ces vaſes étoient diſpoſez avec tant d'induſtrie, que recevant les impreſſions du fon des inſtrumens, & de la voix des acteurs, ils les rendoient beaucoup plus intelligibles.

Les portiques étoient les parties les plus exterieures du Theatre. C'étoient pluſieurs rangs d'arcs les uns fur les autres, qui le diſtingoient en autant de differents étages.

L'orcheſtre étoit toute cette place qui s'étendoit depuis les fieges des fpectateurs, juſqu'au devant de la fcene. La fcene étoit ce qui fe voyoit de front ; elle étoit compoſée du pupitre, du proſcenium, & du poſtſcenium. Le pupitre étoit le lieu fur lequel les comediens venoient joüer, n'étant élevé au deſſus de l'orcheſtre, que de cinq pieds au plus.

Le proſcenium étoit la face de la fcene qui étoit ornée de colomnes à pluſieurs ordres, les unes fur les autres, elles étoient de differente groſſeur, celles du fecond ordre étant moindres d'un quart que celles du premier, & celles du troiſiéme diminuant par la même proportion. Cette face étoit ouverte, au premier ordre, par trois portes ; celle du milieu qui étoit la plus grande, s'appelloit *Regia*, ou la porte royale, & les deux autres, les portes des etrangers. Il y avoit dans ces portes des machines faites en triangle, tournantes fur des pivots de fer, qui avoient trois faces enrichies de belles peintures, & qui faiſoient voir trois fortes de differentes fcenes, fçavoir la tragique qui étoit repreſentée par des magnifiques palais ; la comique par des maiſons des particuliers ; & la satyrique ou paſtorale, par des foreſts, par des grotes, & par des fontaines.

Le poſtſcenium ou paraſcenium étoit le derriere de la ſcene. Et cet appartement ſervoit aux acteurs pour ſe preparer, & pour enfermer les machines.

Il y avoit encore proche les theatres des promenoirs publics, plantez d'arbres, & enfermez d'ordinaire d'un double portique.

J'ay mis cette petite deſcription du Theatre en general, pour mieux faire comprendre à ceux qui ne ſont pas verſez dans ces ſortes de bâtimens, ce qu'on peut remarquer du Theatre d'Arles en particulier, & pour en expliquer plus netement le plan qui a été dreſſé ſur le lieu même, avec toute l'exactitude poſſible, par le Sr. Peytret, architecte & ingenieur du roy, & encore aprés luy, par le Sr. Guibert auſſi tres-habile architecte de cette ville, qui m'ont communiqué toutes les meſures & les dimenſions de nôtre Theatre, de la même maniere que vous l'allez voir. Je commence par les portiques, qui ſont les parties les plus exterieures, dont il nous reſte, au Septentrion, deux arcs fort entiers, & un pied-droit, qui ſont ſur la ligne de la ſcene. Le premier eſt celuy par lequel on entre dans l'enceinte du Theatre, & l'autre eſt dans le couvent des Peres Cordeliers, avec un pied-droit qui étoit du portique de la ſcene. Au Midy, il reſte auſſi trois arcs, ſçavoir un de la ligne droite, & les deux autres du demi-cercle. On pourra obſerver icy qu'il y avoit en tout 48. arcs, ſçavoir 11. derriere la ſcene de 10. pieds de largeur, trois grands arcs de 14. pieds de largeur avec autant de grands & doubles pilaſtres ſur chàque aile, & 31. dans le demi-cercle, chàcun de 12. pieds de largeur, avec des ſimples pilaſtres; & c'eſt ce qu'on a obſervé par les fondemens qui reſtent encore. Le diametre du Theatre avait 50. canes & la circonference du demi-cercle 78. canes & 3. pieds.

Les curieux pourront encore remarquer ſur les arcs du ſeptentrion, une belle corniche à la corinthiene, qui regnoit tout au tour du bâtiment, & deux friſes (ce qui eſt aſſez ſingulier) dont la premiere qui tient lieu d'architrave eſt dorique, ornée de têtes de taureaux, diſtinguée par des diſques; & l'autre corinthienne, où l'on voit un beau füeillage, pluſieurs petits amours voltigeans, des demi-corps des taureaux, & des oyfeaux au bas de la frife, le tout d'un travail fi delicat, qu'il merite qu'on le confidere avec admiration.

Sur les trois arcs du Midy, il y a deux autres arcs l'un fur l'autre, qui font ce que nous appellons la tour de Roland & montrent l'élevation de nôtre Theatre, qui étoit d'onze canes, fans comprendre le bâtiment moderne.

Ces voutes antiques fe voyent dans la ruë du Jeu-de-Paume. Des degrez, il en refte fix voutes qui fubfiftent encore en leur entier, elles ont leur pente vers les deux colomnes éle-vées, ce qui fait voir manifeftement qu'elles n'avoient cette difpofition, que pour porter les fieges des fpectateurs.

De la fcene, il nous refte deux colomnes élevées de marbre jafpé, de trois pieds & demi de diametre, & de quatre canes de hauteur. Elles foûtiennent un morceau de frife & d'archi-trave, taillé à onglet, avec fes retours, qui fe joignoient à une *La statüe fut trouvée aux pieds de ces co-lomnes* autre piece, où il faut remarquer que ces deux colomnes font dix pieds plus prés des arcs de la tour de Roland, que de ceux des Cordeliers, qui font le jufte diametre de cet edifice. Ce qui fait voir l'erreur de ceux qui prennent ce morceau de fri-fe, pour le celebre autel de Diane, dont nous parlerons dans la fuite ; puifqu'il eft certain que fi ces deux colomnes euffent été deftinées à fupporter ce grand autel, elles auroient été au milieu du bâtiment.

Le diametre du Theatre avoit 50. canes, & la fcene 30. où il y avoit plufieurs belles figures, & plus de cent cinquante colomnes de marbre, c'eft ce qu'on juftifie facilement par le grand nombre des pieces de colomnes qui nous reftent, & par l'affortiffement de la fcene.

L'avant fcene commençoit par une ligne droite, comme la plufpart de celles des autres theatres, mais elle avoit cela de particulier, qu'elle faifoit une efpece de fyndre & d'enfonce-ment en perfpective, comme nous l'obfervâmes par le pla-fond, en l'année 1684. lorfque le Sr. de Lanfant, commiffaire general des troupes en Provence, faifoit creufer par ordre du roy, pour trouver les bras qui manquoient à nôtre admirable statüe. Ceux à qui cet enfoncement de fcene faira quelque pei-ne, pourront fe fatisfaire dans les livres de Daniel Barbaro, patriarche d'Aquilée, commentateur de Vitruve, & dans ceux

de Serlio, italien, où ils trouveront des plans de theatre, &
entre autres celuy de Viterbe, femblables au nôtre. Derriere
les deux colomnes élevées, il y en avoit deux autres de la
même grandeur ; comme on la obfervé par le plafond. La
porte royale avoit 16. pieds de largeur, celles des etrangers
14. & celles-cy étoient ornées des colomnes canelées : & on
l'infere par neuf bafes de trois pieds de diametre qu'on a découvertes fur l'aile gauche du Theatre dont l'une étoit encore
en place, comme la planche le marque.

On a trouvé de toutes les pieces qui affortiffoient cette
fcene, comme plufieurs beaux morceaux de draperies, des
bafes, des frifes, d'architraves, des chapiteaux, des corniches corinthiennes, d'un travail ineftimable, & quantité d'in-
cruftations de marbre ; ce qui fait juger que tout le dedans du
Theatre devoit être revêtu de marbre, avec une fomptuofité
digne de la grandeur & de la puiffance des Romains.

Nous ne fçavons rien de certain de l'autheur de ce fuperbe
edifice, feulement fçavons nous que Conftantius, fils de Conftantin le Grand, ayant paffé un hyver entier en cette ville, y
donna les jeux du theatre, & ceux du cirque la trentiéme année de fon empire, avec une magnificence extraordinaire au
rapport d'Ammien Marcellin. L'empereur Gallus y fit auffi
reprefenter les mêmes jeux, le fixieme des ides d'octobre, &
la même année qu'il étoit monté fur le trône imperial. Comme nous l'apprenons de Pomponius Lætus, en la vie de cet
empereur.

Nous lifons dans la vie de St. Hilaire evêque d'Arles, compofée par Ravennius fon fucceffeur, que ce grand faint, par
un principe de piété, fit depoüiller nôtre Theatre de fes plus
beaux marbres, pour en orner les eglifes : *Cirillus Levita,* dit
Ravennius dans un vieux manufcrit, *Bafilicis conftruendis
præpofitus, dum marmorum cruftas, & Theatri profcenia cel-
fa deponeret, fidei opere, nudans loca luxuriæ, quod facrum
parabat ornatibus, &c.*

Mais il y a apparence qu'il fut achevé d'être detruit, à l'occafion des guerres fanglantes, ou par les ennemis, ou même
par les habitans de cette ville, pour fe fervir des pierres tou-

*Ammien Mar-
cellin. lib. 14.*

*Gallus, feda-
tis bellis civili-
bus, ludos Are-
late dedit Ante
VI. iduum oc-
tobris, quo im-
perium fump-
ferat. Pomp.
Lætus de Gallo
Imp.*

tes taillées, & fort propres à fermer les breches, dans les pref-
fantes neceffitez. Et voila ce qu'on peut remarquer du Theatre d'Arles. Il ne refte plus qu'un doute à êclaircir, pourquoy
on appelle communement les ruïnes du Theatre, le temple de
Diane ; & c'eft ce que nous tâcherons de faire, au chapitre
fuivant, aprés avoir expliqué le plan de nôtre Theatre.

EXPLICATION DV PLAN

DU THEATRE D'ARLES.

A. *A. A. le double Portique qui rouloit tout autour par embas.*
B. B. B. le double Portique qui étoit au haut du Theatre.
C. C. C. C. les entrées par ou on paſſoit des portiques dans l'orcheſtre pour ſe diſperſer ſur les degrez.
D. D. D. les mêmes paſſages du ſecond étage.
E. E. E. les eſcaliers par leſquels on montoit au ſecond étage.
F. F. F. le paſſage qui eſt ſous les degrez.
G. G. G. les chambres parmi leſquelles étoient celles des vaſes d'erain.
H. H. H. les petits degrez qui étoient coupez dans les ſieges pour pouvoir monter & deſcendre plus commodement.
I. l'arc de la miſericorde.
K. l'arc qui ſe trouve dans le convent des Cordeliers.
L. L. le portique derriere la ſcene. M. la tour de Rotland.
N. l'orcheſtre. O. O. P. P. le pupitre ſur lequel les acteurs joüoient.
Q. la porte royale. R. R. les portes des etrangers.
S. S. S. les machines triangulaires.
T. les deux colomnes qui ſont encore droites, au devant deſ-quelles on a trouvé la ſtatüe.
V. le pied-droit qui eſt dans la cave du Jeu-de-Paume, mar-qué dans le portique interieur du demi-cercle.
X. le pied-droit du portique exterieur du demi-cercle qui eſt dans la cave d'une maiſon appartenant à Monſieur Rou-baud.
Z. les cinq pieds-droits trouvez dans le jardin des religieuſes de la Miſericorde.
& le plafond de la ſcene.
Où il faut remarquer que tout ce qui eſt couvert des hacheu-res, ſubſiſte dans la même ſituation que le plan le fait voir.

Chapitre VIII.

Du temple de Diane, & de l'abbaye royale Saint-Cefaire.

POur donner quelque jour à la difficulté que nous avons propofée dans le chapitre precedent : 1°. il faut examiner de prés les debris d'un bâtiment confiderable, comme des pieces de colomne, de corniches, & autres de cette nature, de pierre commune, d'ordre ïonique, qui font au long des murailles, vers la porte de Laure dans la ville ; & dehors un grand plafond qui eft au pied de la feconde tour de ce quartier-là, & nous trouverons que ces ruïnes n'ont aucun rapport avec celles du Theatre, & que ce plafond n'a jamais été du deffein de cette tour, ni même des murailles de la ville. 2°. Il faut que nous confiderions un pan de vieille muraille qui eft devant la porte de l'eglise de St-Cefaire, & qui alloit joindre ce plafond. 3°. Il faut nous fouvenir icy de ce beau pavé à la mofaïque qui fut trouvé, lors qu'on creufoit pour faire les fondemens du nouveau bâtiment des dames de St. Cefaire, lequel avoit plus de 8. canes de longueur & plus de 5. de largeur, toutes ces chofes nous feront juger fans doute qu'il y avoit anciennement quelque edifice confiderable au même endroit, où eft à prefent le monaftere.

Les temples de Diane étoient prefque tous d'ordre ïonique felon Vitruve.

Et deux raifons particulieres nous feront conclure que c'étoit apparemment le fameux temple de Diane : la premiere eft prife d'un acte de l'an 1001. produit par le R. Pere d'Augieres, fous la bonne foy d'un curieux, où il eft marqué que le temple de Diane étoit entre l'eglife de St. Trophime, & le monaftere de St. Cefaire, qui n'étoit pas loin de là ; & l'autre raifon eft tirée de la tradition, qui a toûjours placé le temple de cette Deeffe, fort prés du Theatre. Et cette proximité du lieu peut avoir été la veritable caufe pourquoy l'on a confondu, dans la fuite des temps, ces deux bâtimens antiques en un

Ce monaftere fut bâti la premiere fois prés de la Croifiere, on voit encore quelques reftes que nous ex-

feul, qu'on a appellé communement le Temple de Diane. Aprés avoir obfervé tous ces pitoyables reftes, nous entrâmes dans l'eglife de St-Cefaire. *pliquerons dans la fuite.*

Cette abbaye eft de nomination royale, & une des plus anciennes du royaume. Elle fut fondée par St. Cefaire, archevêque d'Arles, vers l'an 538. il en donna la conduite à fa fœur Cefarée qui avoit été élevée à Marfeille, dans l'état monaftique. Cette illuftre fainte eut tant de fuccez dans fon adminiftration, que dans moins de trente ans, on y vit deux cents religieufes. Ce grand prelat aima fi fort ce monaftere, à caufe des éclatantes vertus, dont il le voyoit rempli, qu'il le fit heritier de tous fes biens. *Le teftament de St. Cefaire, eft rapporté par Mr. de Saxi page. 101.*

Sainte Cefarée étant morte, sainte Radegonde, reine de France, sainte Cefarée la jeune & sainte Liliole en furent fucceffivement abbeffes ; & elles rendirent ce monaftere fi floriffant par la fainteté de leur vie, qu'elles y ont toûjours attiré, depuis ce temps-là, un trés-grand nombre de dames de la premiere qualité, qui en obfervent la regle fous le titre de Religieufes de Saint-Benoit.

Il y a plufieurs chofes à voir en ce lieu : 1°. plufieurs faintes reliques, comme du sacré bois de la croix de Nôtre-Seigneur, un doigt de St. Laurent, dont la chair a été miraculeufement confervée jufqu'aujourd'huy, & plufieurs autres saints offemens, confervez dans des chaffes d'argent. 2°. Une infcription antique, gravée fur un pied-d'eftail de marbre, qui foûtient l'autel de Saint-Charles. 3°. Une bafe de marbre d'une groffeur prodigieufe dans le jardin, qui étoit peut-être de l'une de ces deux grandes colomnes dont parle Gervafius, fur lefquelles on faifoit le facrifice humain, dont nous parlerons dans la fuite.

Chapitre IX.

De l'eglise collegiale la Majour, et des conciles d'Arles.

COntinuant notre route au long des murailles, nous arrivâmes à l'eglise de la Majour. Elle est une de plus anciennes de la ville, comme le témoignent plusieurs gros piliers à l'antique, qui en soûtiennent la voute, & l'inscription suivante rapportée dans la Somme des conciles, & tirée fidélement par le doyen de ce chapitre d'une pierre toute fendue qui étoit au dessus de la porte de cette eglise, quand le devant fut refait l'an 1592. en ces termes :

> *Anno creati orbis 4414. Christi nati 453. pontificatus Leonis I. Magni, XIV. Valantiniani & Martiani Imp. III. Opilione & Vicomelo Romanorum Coss. Merovei Francorum Regis V. Ravennio Arelat. Civitatis, Nostri præsentia triginta quatuor Episcoporum, qui ibidem tertium Arelatense Concilium celebraverunt.*

Où il faut remarquer en passant, qu'il s'est tenu en divers temps plusieurs Conciles trés-celebres en cette ville, & peut-être en cette même eglise. Le premier y fut tenu l'an 314. contre les Donatistes, & contre le baptème des heretiques. Ce Concile fut composé de tout ce qu'il y avoit des grands hommes dans la chrètienté , comme il est marqué au 15. canon du second concile d'Arles : *Primum Concilium Arelatense ex omnibus partibus mundi celebratum.* Saint Augustin l'appelle *plenarium Ecclesiæ universæ Concilium.* Ce grand docteur de l'eglise ajoûte que deux cents evèques y assisterent. Adon de Vienne neantmoins en met six cents.

St. Aug. en l'epitre 162. & ailleurs.

Constantin le Grand voulut se trouver à ce Concile, & ce fut seulement pour en faire observer l'ordre, & non pour y presider, ayant repondu ces belles paroles, dignes du premier des empereurs chrétiens, aux heretiques, qui l'avoient prié de juger luy-même de leur cause : *judicium meum postulant, qui ipse judicium Christi expecto*.

Saint Hilaire convoqua le second Concile vers l'an 439. avec un pareil nombre d'evêques ; l'on y fit cinquante canons pour la discipline ecclesiastique qui furent confirmez par le pape saint Leon.

Le troisiéme fut tenu soûs Ravennius dans l'eglise de la Majour, comme l'inscription que nous venons de rapporter, & le corps des Conciles nous l'apprennent. Outre ces trois Conciles, il y en a eu plusieurs autres tenus en cette ville, & entre autres celuy de l'an 588. où St. Veran evêque de Cavaillon assistoit, & pendant lequel il mourut dans Arles, comme l'office de Cavaillon, & la legende de ce St. le marquent.

Dans la vie de St. Veran par Monsieur François Mathieu, chanoine & penitentier de l'eglise cathedrale de Cavaillon.

Les curieux pourront voir en cette eglise plusieurs belles chasses d'argent pleines de saintes reliques, parmi lesquelles il y a celle de St. Marc qui conserve une des machoires de cet illustre evangeliste. Elle fut envoyée par la Republique de Venise à la ville d'Arles, lorsqu'elle étoit Republique, en reconnoissance de quelques bleds qu'elle luy avoit fournis dans un temps de famine. Et ce fut alors que ces deux republiques firent ensemble une étroite alliance. Cette precieuse relique fut donnée à l'eglise de la Majour, parce qu'en ce temps-là elle étoit la paroisse de Messieurs les consuls, lorsque l'Hôtel-de-Ville étoit dans le quartier qu'on appelle communement le planet de Charles-Cheynet, qui est dans l'enceinte de cette paroisse. Et c'est ce qui procura à cette eglise l'action du panegyrique qu'on y fait, toutes les années, des antiquitez d'Arles, le jour de St. Marc. Aprés avoir remercié Monsieur Chaix, doyen de ce chapitre, qui est également sçavant & trés-homme de bien, & qui nous avoit instruit de toutes ces choses avec beaucoup de bonté, nous allàmes voir le grand amphitheatre qui n'est éloigné de là, que de quelques pas.

Dans un jardin qui est à côté de cette eglise, il y a une inscription fort curieuse, composée de 7. lettres en chaque mot, & de 7. lignes en tout.

Chapitre X.

De l'*Amphitheatre* d'*Arles*.

COmme la magnificence des Romains éclatoit particulierement dans les Amphitheatres, felon la remarque du
Martial, lib. 1. poëte :

Omnis Cæfareo cedat labor Amphitheatro,
Unum præ cunctis fama loquatur opus.

Nous pouvons dire que celuy dont ils ornerent cette ville,
fut un des plus confiderables bâtimens dont ils l'embellirent,
étant fans contredit un des plus beaux qu'ils éleverent dans
les Gaules, comme la fuite le faira voir.

Nous ne fçavons pas au vray l'autheur de cet Amphitheatre, mais il eft probable qu'il fut conftruit par Tybere Neron,
pere de l'empereur Tybere, lequel êtant quefteur de Jule Cefar, conduifit par l'ordre du Senat plufieurs colonies dans les
principales villes des Gaules , & entreautres en celle-cy ;
Lypf.cap.4. comme nous difions dans la preface. Sur quoy Lypfe nous fait
remarque que les Romains envoyoient rarement des colonies
dans les villes confiderables, qu'ils ne leur fiffent bâtir en
même-temps un amphitheatre, pour mieux captiver leur bien-
veil'ance, & pour rendre leur domination plus douce à leurs
nouveaux fujets. Et c'eft ce que Tybere executa probable-
ment en cette ville environ l'an 43. avant la venüe de Nôtre-
Seigneur. Et ainfi nous pouvons dire que cet Amphitheatre à
plus de dix fept fiecles d'ancienneté, & qu'il eft un des premiers dont les Romains embellirent les Gaules.

Sa forme eft ovale, comme celle de prefque tous les autres;
car l'Amphitheatre étoit ainfi appelé, comme de deux theatres
joints enfemble fans aucune fcene, felon que le definit Lypfe : *am-*
Lypf. cap. 8. *phitheatrum junctum, & factum erat ex duobus theatris, rejectâ*
fcenâ. Il êtoit enrichi au dehors, de beaux portiques qui

L'AMPHITHEATRE D'ARLES COMME IL EST A PRESENT 1686

l'environnoient, à trois êtages de pierre de taille, d'une groffeur prodigieufe. Chaque êtage contenoit foixante arcs qui fubfiftent encore parmi lefquels, il y avoit quatre entrèes principales. Sa circonference a en haut, fans comprendre la faillie
de l'architecture, 194. toifes, & trois pieds; le frontifpice 17.
toifes de hauteur; la place du milieu, qu'on appeloit proprement l'arene, 71. toifes, trois pieds, du Midy au Septentrion
qui eft fa longueur; & 52. toifes, & 5. pieds, du Levant au
Couchant, qui eft fa largeur.

La cane, mefure de Provence, eft compofée de 8. pans, & le pan de 9. pouces & demy. La toife mefure de France, eft compofée de 6. pieds, & le pied de 12. pouces.

    Les murailles avoient 17. toifes d'épaiffeur. Elles êtoient
foûtenues par des voutes, dans lefquelles il y avoit des chambres & des galeries tout au tour qui fervoient à paffer fur les
bancs ou s'affiffoient les fpectateurs. Ils y pouvoient être tres-
commodement au nombre de trente mille, châque place ayant,
l'une portant l'autre, trois pieds de flanc & deux de front, felon la fupputation qui en a êté faite par le Pere Jofeph Guis,
prêtre de l'Oratoire, qui affure, dans la defcription qu'il a faite
de cet Amphitheatre c. 11. qu'il y avoit quarante trois rangs de
fieges, comprenant l'efpace qui fervoit à loger les perfonnes
de qualité qui valoient fix rangs ordinaires, & le plus haut
rang qui en valoit deux.

    Je ne defcends point dans le detail des autres parties de ce
vafte bâtiment. Outre que je ne pourrois rien ajoûter de nouveau à ce que le Pere Jofeph en dit dans la fçavante defcription qu'il a donnée au public, · de la ftructure de fes murailles, de fes portiques, de fes degrez, & de toutes les autres
chofes dont il étoit compofé. Le lecteur curieux aura recours
au chapitre du Theatre, où j'ay traitté de ces portiques, de ces
degrez, & de ces voutes qui les fupportoient, toutes ces chofes étant à peu prés femblables, dans ces fortes d'edifices.

· Soûs le Confulat de Mrs. Loüis de Varadier, fieur Dorfiere, qui a été quatre fois premier conful de cette vile, Iacques du Moulin, Iean Gros Boufficaud, & Benoit Efcoffier en l'année 1665.

    Je ne m'arrêteray pas non plus à refuter l'erreur de quel-
ques perfonnes qui difent que nôtre amphitheatre ne fut jamais achevé; car outre que cet autheur l'a fort-bien prouvé,
foit par l'exactitude des Romains qui ne laiffoient jamais rien
d'imparfait, foit par quelques fieges qui reftent encore, l'hiftoire nous apprend que plufieurs empereurs y donnerent des
jeux trés-magnifiques, comme nous le trouvons dans Pom-

Arelate hyemem agens Conftantius, poft theatrales ludos atque circenfes, ambitiofo editos

ponius Letus, qui dit que l'empereur Gallus, aprés avoir chaf-
fé les tirans de l'Europe fit celebrer dans l'Amphitheatre d'Arles des fpectacles fort fuperbes, environ l'an de Nôtre-Seigneur
255. dans Ammien Marcellin, de l'empereur Conftantius, fils
aîné de Conftantin le Grand, qui y fit continuer les mêmes
fpectacles tant des gladiateurs, que de la chaffe des beftes l'an
35o. Dans Sidonius Apollinaire, comte & evêque de Clermont,
lequel aprés avoir parlé d'un magnifique Forum qui étoit autrefois en cette ville, parle auffi d'un feftin folemnel que l'empereur Majorien y fit, avec une dépenfe & une magnificence
incroyables, aprés y avoir donné les mêmes divertiffemens au
peuple.

Ie pafferay encore foûs filence une autre erreur qui s'eft
gliffée parmi le peuple, qu'il y a une cave foûterraine qui va
abboutir à l'amphitheatre de Nîmes, puifque les deux rhônes
& les marets, qu'il faut neceffairement paffer, font affés voir
aux gens de bon fens qu'une telle cave eft impoffible.

Quant à l'état prefent de nôtre Amphitheatre, il nous fait
bien voir que les Romains n'ont pas eu tout le fuccez qu'ils
efperoient de leurs fuperbes ouvrages ; car croyant par la fo-
lidité de ces grands edifices, de nous laiffer des marques de la
grandeur humaine, & d'eternifer leur memoire, ils nous ont
donné au contraire une preuve de la corruption de toutes les
chofes de la terre. Nous en avons un exemple fenfible dans
cet Amphitheatre, qui ayant été bâti de pierres de taille d'une
groffeur extraordinaire, fembloit devoir durer autant que le
monde, & qui neantmoins a été detruit dans fes plus belles
parties. Sa face interieure eft toute defigurée, ne reftant plus
aucun fiege en fa place. Le dehors eft rempli des maifons qui
empêchent qu'on le puiffe voir dans toute fon êtendüe. Nous
vimes neantmoins la face du fecond & du troifiéme êtage en-
vironnée de colomnes, avec leurs bafes & leurs chapiteaux,
où paroit une corniche richement travaillée, le tout d'un ordre italique & compofé.

Le premier êtage eft prefque tout entier, hormis que la
plufpart des chambres, des prifons, & des caves font com-
blées de terre. Nous remarquâmes une muraille extreme-

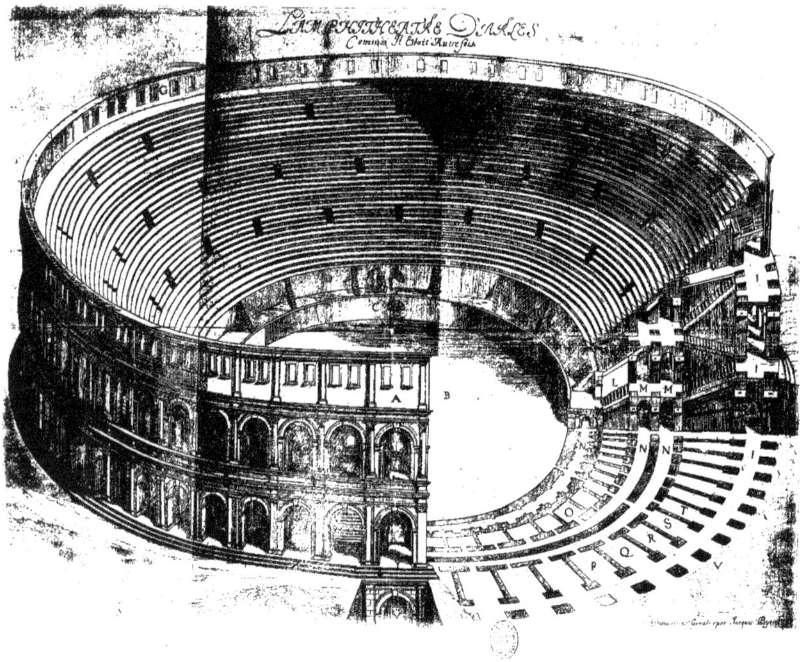

AMPHITHEATRE D'ARLES
Comme Il Estoit Autrefois
A
B
C
L M M
N N
O
P Q R S T
V
Dessiné et Gravé par Jacques Peytret

ment épaiffe, & même plus ancienne que l'Amphitheatre, qui paroit, depuis l'entrée du Levant, jufqu'à celle du Septemtrion, qui marque que nôtre Amphitheatre fut bâti fur les ruïnes de quelque grand & ancien bâtiment.

On voit trois tours fur cet amphitheatre. Mais elles ne font pas du deffein de cet edifice, leur ftructure étant beaucoup plus recente, & elles peuvent avoir été faites durant les guerres, felon la remarque de Rodericus qui appelle les arenes de Nifmes : *Præfidium arenarum.*

EXPLICATION DES DEUX

FIGURES DE L'AMPHITHEATRE.

A *Marque le frontifpice.*
B. la place ou l'arene.
C. le fiege de l'empereur.
D. l'orcheftre.
E. les fieges du Peuple.
E. les vomitoires.
G. le grand parapet.
H. le petit degré.
I. les galleries.
L. les chambres du fecond étage.
M. les prifons.
N. les courroirs.
O. les chambres du premier étage.
P. un des degrez.
Q. une des prifons.
R. une des caves pour les bétes.
S. un des paffages du bas étage.
T. un des cachots. V. la ruë. X. la porte des machines.
Y. une des quatre principales entrées.
Z. le degré exterieur.

Et c'eſt la mêmc explication dont le Pere Joſeph Guis s'eſt ſervi dans la premiere figure, n'en ayant point donné pour la ſeconde, qui ſe trouve aſſez éclaircie par l'explication de la premiere.

Chapitre XI.

De l'Arc admirable, & des divers Blaᴢons de cette ville.

Ce quartier s'appelle le St-Eſprit, à cauſe d'un hôpital de ce nom qui y étoit, & dont on voit encore les armes, qui ſont un agneau ſur la maiſon du Sr. Peraud, marchand.

⁺ Introduꜩio ad hiſtoriam numiſmatum.

IL ne faut point paſſer de l'amphitheatre au quartier du St-Eſprit, ſans voir le cabinet de Monſieur le conſeiller Terrin. Il ſuffit pour vous en faire valoir le prix, de vous rapporter ce qu'en dit Monſieur Patin ſi celebre dans la connoiſſance des Antiques : ⁺ *Arelatem, regni olim metropolim, terrenus cimeliarchio ſuo nobilitat,* & de vous faire remarquer ce que l'autheur du Mercure Galant du mois d'avril 1684. dit du cabinet & du maître, au ſujet de la ſtatüe d'Arles, dont cette ville a fait un preſent au roy : en voicy les termes : On avoit crû juſqu'icy que c'êtoit une ſtatüe de Diane, mais Monſieur Terrin, conſeiller au preſidial d'Arles, a fait connoître par de tres-fortes raiſons que c'eſt une ſtatüe de Venus. On peut l'en croire, puiſque c'eſt un homme infiniment éclairé, lié de commerce avec tout ce qu'il y a de ſçavans, inſtruit à fonds de toute l'antiquité Greque & Romaine, de toutes les ſciences curieuſes, & de tous les beaux arts ; & fort intelligent aux ouvrages de peinture & de ſculpture, antique & moderne ; il écrit en proſe & en vers avec beaucoup de pureté, & a une bibliotheque choiſie des meilleurs livres & un cabinet de medailles d'or, d'argent, & de grand bronze ; d'eſtampes, de tableaux, de graveures, & de figures antiques ; ce cabinet eſt fort eſtimé, mais il en eſt luy-même l'ame & l'eſprit, puiſque tant de belles choſes qu'il poſſede peuvent recevoir par ſes ouvrages des lumieres encore plus belles que celles que l'art & la nature leur ont pû donner.

A quelque pas delà, on trouve la ruë St-Claude qui êtoit embellie anciennement d'un arc de triomphe qu'on appelloit, par excellence, L'ARC ADMIRABLE. Et c'êtoit fans doute pour le diftinguer de plufieurs autres dont cette ville êtoit ornée, dans les fiecles paffés. Nous n'en trouvâmes plus aucun veftige. Et la memoire nous en a été confervée feulement par la tradition, & par un acte de l'an 1511. qui en fait mention dans la reconnoiffance d'un jardin, & d'où je pris les paroles fuivantes : *Cette acte eft entre les mains des RR. Peres de l'Oratoire, de cette ville.*

Et ab alia parte, cum carreriâ publicâ tendente de carreriâ hofpitalis sancti Antonii de ARCV MIRABILI *de civitate Arelatenfi ad Caput Regis &c.* Le quartier qu'on appeloit la Tefte de Roy, tiroit vers l'Obfervance, qui eft aujourd'huy un beau convent des Peres Recollets. Nous nous avançâmes en fuite jufqu'à la porte de la Cavalerie, fur laquelle nous y lûmes cette genereufe devife, qui eft au deffous d'une ftatüe de Minerve, & de Mars & au milieu de deux magnifiques tours : IN VTRVMQVE PARATA. *Il y avoit un autre hôpital dans la ruë de Saint - Claude qu'on appelloit l'hôpital de St-Antoine: & ces deux hôpitaux & quelques autres qui étoient dans cette ville ont été reunis au grand hôpital que nous y voyons aujourd'huy, qui eft un des plus beaux de la province.*

Cette devife nous donna occafion de nous entretenir de quelques autres devifes, & des diverfes armes de cette ville. Surquoy je difois au Chevalier que je n'êtois pas du fentiment de quelques auteurs, qui croyoient que le lyon que cette ville porte dans fes armes, luy avoit été donné par les Venitiens, au temps de leur alliance, comme le Sr. Bouis l'affure , ni même qu'elle le prit de Bofo fon premier roy, comme le tient Monfieur Saxi, fondé fur le lyon de fable fur l'argent, qu'on voit fur le tombeau de Guillaume Bofo, parent du roy, & prevoft de cette eglife. Il y a plus d'apparence que cette ville tient fon lyon des Grecs de l'Ionie, comme elle en avoit receu le culte de Diane. Car ces mêmes Grecs qu'elle fe propofoit prefque toûjours pour exemple dans les affaires de religion & d'etat, portoient dans leurs armes & dans leurs monnoyes une Diane d'un côté, & au revers un lyon, comme on le juftifie par quantité de medailles d'or, d'argent, & de cuivre , qu'on a trouvées dans la ville de Marfeille, & dans fon terroir, * où il y avoit d'un côté la tête de Diane, & de l'autre un lyon , avec le mot Grec MAΣΣA. Il eft vray qu'il y eut ** Au rapport de Raymond de Souliers dans fes Antiquitez de Marfeille.*

quelque interruption, puiſque Procope nous aſſûre que foûs l'empire de Juſtinien, cette ville portoit un genie aîlé, qui avoit la forme d'un homme. La remarque de cet auteur eſt trop glorieuſe à cette ville, pour la paſſer foûs ſilence. Il dit que la ſeule ville d'Arles avoit permiſſion de mettre ſes armes dans les monnoyes d'or & d'argent qu'elle faiſoit battre ; toutes les autres villes de l'empire ne pouvant graver ſur leurs monnoyes que la tête de l'empereur. Voicy les paroles de Procope :

Imperante Juſtiniano, hic (id eſt Arelate) non vultus principis, ut alibi, monetæ imprimebatur, ſed ipſorum Arelatenſium inſigne : & plus bas hi (id eſt Arelatenſes) aureum nummum nativo è galliarum metallo cudunt, non Romani Imperatoris, ut cæteri ſolent, imagine, ſed ſuâ impreſſâ, quæ erat Genius formâ hominis alati percuſſus. Où nous remarquerons encore avec un autre hiſtorien, qu'il ſe battoit une grande quantité de monnoye d'or & d'argent en cette ville, qu'il y avoit même un des douze generaux des threſors établis dans l'Occident ; & un des trois ſurintendans des finances établis en France, ſçavoir un à Arles, l'autre à Reims, & le troiſiéme à Treves.

Mais quoy qu'on marquât pour lors les monnoyes d'un genie aîlé, la ville d'Arles ne tarda pas à reprendre ſon premier lyon, comme on le voit dans les ſeaux les plus anciens qu'on garde dans les archives, où il y a d'un côté le lyon, comme elle le porte aujourd'huy ; avec cette deviſe :

Nobilis in primis dici ſolet ira Leonis.

Et au revers tantôt une ville, & tantôt trois châteaux liez enſemble, avec cet autre deviſe tout autour :

Urbs Arelatenſis eſt hoſtibus hoſtis & enſis.

Et cette prodigieuſe ancienneté pourroit bien être la veritable raiſon du metail ſur metail des armes de cette ville, pour avoir été priſes pluſieurs ſiecles auparavant qu'on eût fait les regles du blazon. Et puiſque nous ſommes ſur les deviſes, il ne faut pas oublier celle qu'on voyoit autrefois dans le vieux Hôtel-de-Ville, en ces paroles retrogrades : SALE RATA REFEREBAT ARELAS. Elles faiſoient alluſion à la grande quantité de ſel que le terroir d'Arles porte naturellement, & exhortoit en

Procop. lib. 3. de bell. Goth.

Wolfangus Lazius allemand, dans ſes cómentaires de la Republique Romaine.

Le vaſte appartement des monnoyeurs de cette ville a êté démoli en nos jours, & le ſeul nom demeure à ce quartier appellé la Monede.

même-temps Meffieurs du confeil de faire que toutes leurs deliberations fuffent faites avec prudence, dont le fel eft le fymbole.

Chapitre XII.

De l'eglife de Saint-Julien , & des reliques de saint Antoine.

NOus rebrouffâmes chemin de la porte de la Cavalerie, pour venir voir l'eglife de Saint-Julien. Elle a l'avantage d'avoir été facrée par le pape Calixte II. paffant par cette ville, & revenant de celebrer le concile de Reims, l'an 1119. felon la remarque de Pandulphe, dans fes chroniques, & de Monfieur Saxi.

Nous jettames les yeux en entrant, fur un chapiteau corinthien antique, de marbre, d'une groffeur prodigieufe, qui fert de fons baptifmaux dans cette parroiffe. Cette eglife a l'honneur de conferver dans une chaffe d'argent vermeil de grand prix le chef & les principaux offemens de l'illuftre Pere des dezerts, St. Antoine. Je fçay que les Antonins du Dauphiné nous conteftent la poffeffion de ce precieux threfor qu'ils n'ont pas fçeu fe conferver. Mais j'ay une differtation toute prête pour faire voir manifeftement à tout le monde leur impofture. C'eft une piece que je leur garde, & que je n'ay pas voulu mettre icy, pour ne pas trop charger mon voyageur.

Chapitre XIII.

De quelques reſtes du Palais de Conſtantin; et d'un beau morceau qui eſt devant l'egliſe de St-Lucien.

DE Saint-Julien nous tirâmes vers l'hôtel de Saint-Jean, où nous remarquâmes un vieux palais rüiné, d'un grand circuit, & qui s'étendoit jusqu'à la maiſon de Monſieur de Beaumont, comme le marque un vieux pan de muraille qu'on y voit encore. Bien qu'aucun autheur ancien ne faſſe point mention de cet edifice, les pierres parlent néanmoins comme l'on dit, & la plus ancienne tradition en a toûjours fait le palais de Conſtantin le Grand, appellé communement le château de la Troüille, ſemblable à celuy que ce prince fit bâtir enſuite à Conſtantinople. Du moins il eſt aiſé de connoître que ce ſont icy les debris d'un bâtiment ſuperbe, comme on le peut juger par pluſieurs groſſes colomnes de granite, & de marbre blanc; par des pieces de corniche de plus de douze pans de longueur d'un marbre & d'un travail trés-rares, qu'on a découvertes dans les maiſons voiſines, * & quantité de grandes pierres froides, d'une largeur prodigieuſe, & d'une poliſſure incroyable, qui ſervoient au pavé de la baſſe cour de ce château, trouvées, ces dernieres années, à dix pans ſous le terrain, devant la maiſon du ſieur Guibert, où elles ſont encore en œuvre.

** Dans la maiſon de Meſſieurs de Barthelemi, & de Valleriole. Et dans la maiſon de Mrc. Touré, Mrc. Serrurier.*

Mais ce qu'il y a de plus conſiderable parmy ces ruïnes, ce ſont divers canaux de plomb, qu'on a tirez de ces endroits, depuis quelques années, & qui venoient du grand aqueduc antique dont nous parlerons, au livre ſuivant.

L'empereur Conſtantin qui avoit choiſi cette ville pour en faire le lieu de ſes plus tendres delices, n'avoit rien épargné pour l'orner & pour l'enrichir, comme nous le dirons dans la ſuite. Il avoit fait faire un aqueduc magnifique, & divers reſervoirs publics, où toutes les eaux des montagnes d'alentour, étant ramaſſées, ſe diſtribuoient par la ville, par le moyen de divers canaux qu'on trouve, tous les jours, dans tous les quartiers, & qui étoient d'une depenfe prefque infinie ; il eft facile d'en juger par celuy qui fut découvert, il y a environ trente ans, dans la maifon de Monfieur Claude Rafpal, Mre. chirurgien de cette ville, & dans celle de Maître Tourré, dont châque piece pefoit plus de 15. quintaux, pour deux toifes de longueur. Où il faut remarquer que ces canaux étoient dans la difpofition de fe croifer, ce qui fait voir qu'ils étoient deftinez à des differentes fontaines qui fourniffoient de l'eau en abondance à tous les quartiers de la ville.

Ce plomb paya au fieur Rafpal la dépenfe de fon puis, & une partie de celle de fon bâtiment, à ce qu'il m'en a dit luy-même.

Aprés avoir confideré toutes ces chofes, avec plaifir, nous laiffames à main droite l'eglife des RR. Peres Prêcheurs, qui eft une des plus belles de la ville, pour aller voir un beau morceau qui eft devant l'eglife de Saint-Lucien, où nous arrivâmes fur les trois à quatre heures du foir. Nous y remarquâmes une riche corniche couronnée d'un demi fronton, & quelques colomnes de marbre jafpé qui la foûtiennent. Elles ont environ 24. pieds de hauteur, ayant leurs bafes & leurs chapiteaux d'ordre corinthien & d'un travail qui fait l'admiration de tous les connoiffeurs qui ont foin d'en prendre une ébauche. Ces ruïnes, magnifiques & pitoyables tout enfemble, nous font voir les marques de la barbarie des hommes, & de la cruauté des temps. Elles nous fourniffent un témoignage éloquent de l'inconftance de la grandeur humaine, & elles apprennent en même temps, par leur exemple, aux palais les plus fuperbes que leur beauté eft periffable, & qu'un jour on cherchera inutilement dans leurs triftes mafures, s'ils ont été autresfois des palais des roys, ou des temples des dieux, fans en rien pouvoir connoître de certain, comme nous des debris que nous examinons icy.

Dans la dépenfe des Peres Prêcheurs il y a un tombeau antique de marbre avec fon infcription. Ils s'en fervent de pile pour tenir leur huile ; ce qui eft caufe qu'on ne peut pas le voir facilement.

Quelques-uns difent que ce font les reftes d'un temple de Minerve, fondant leur opinion fur une ancienne tradition qui nous apprend que l'eglife de Saint-Lucien étoit appellée anciennement Nôtre-Dame du Temple, à caufe (difent-ils) qu'elle étoit bâtie devant ce temple. Car il eft certain que cette eglife eft une des plus anciennes de la ville, étant déja fondée du temps de l'empereur Charlefmagne qui donna à cette eglife les reliques de faint Lucien qu'il avoit reçûës de l'Orient. Et

Carolus Magnus facras Sancti Luciani martyris reliquias ex Oriente fufceptas, Arelatenfibus pedit, &

l'ancienneté de cette eglife eft confirmée par une chapelle foûterraine, dans laquelle nous defcendimes où il y a encore
l'autel fur lequel les premiers chrêtiens celebroient la sainte
meffe, pendant la perfecution des empereurs.

Quelques autres veulent neantmoins que ces debris dont
nous parlons, foient les reftes de l'ancien Capitole d'Arles où
l'on tenoit les affemblées du Senat, à caufe qu'on remarque
dans fon architeĉture, quelque chofe de femblable à la Maifon Quarrée de Nifmes, difant que les caves qu'on voit aux

environs, étoient les prifons du Capitole : ce qui fe juftifie par
la coûtume des Romains, qui ne manquoient point de bâtir,
dans toutes leurs celebres colonies, des amphitheatres, des
theatres, des cirques, des bafiliques, & fouvent des capitoles.
Il y avoit même en cette ville, comme à Rome, un *Forum* ou
une place magnifique ornée de portiques, de colomnes, & des

statües qu'on dreffoit à l'honneur de ces illuftres citoyens qui
s'étoient diftinguez par quelque aĉtion glorieufe : au raport
de Sidonius Apollinaire, qui, écrivant à un de fes amis, luy dit
entr'autres chofes, que fuivant la cour de l'empereur Majorien qui ètoit en cette ville, & qu'ètant venu à la place, à fon
ordinaire, il fut bien furpris, l'orfqu'il vit que fes amis, au
lieu de le falüer, les uns fe cachoient derriere les statües, les
autres fuioient derriere les colomnes, parce qu'on le foup-
çonnoit d'ètre l'autheur d'une fatyre qu'on avoit faite contre
les principaux de la ville. Dequoy Sidonius fe juftifia par un
impromptu en vers, auquel l'empereur l'avoit condamné par
raillerie, dans le feftin qu'il donnoit aprés les jeux de l'amphitheatre. Il fe pouvoit faire que ce *Forum* magnifique fût ce
que nous appellons aujourd'huy le Plan de la Cour qui eft,
tout proche des beaux reftes de nôtre Capitole ; comme l'ex-
preffion de Sidonius femble le marquer.

Sans nous éloigner beaucoup de l'eglife de Saint-Lucien,
nous allâmes voir deux cabinets fort curieux, l'un de Mr.
Remuzat * bourgeois, l'autre de Mr. de Laurens gentilhomme
de cette ville. Ce dernier nous montra quantité de medailles
d'or, & d'argent, de riches agathes, de graveures, de rares
peintures, & plufieurs autres belles chofes qui rendent ce cabinet fort confiderable.

Chapitre XV.

D'une infcription antique gravée fur une colomne milliaire de marbre, qui eft devant l'eglife des RR. Peres Jefuites.

AUx environs de Saint-Lucien, on voit l'eglise des RR. Peres Jefuites qu'ils ont fait bâtir magnifiquement, avec un college qui eft a côté. Ce college a été fondé par Meffieurs les confuls, gouverneurs de cette ville, qui ont deffein de le rendre quelque jour un des plus fuperbes de la province. Et c'eft dans ce lieu que tant de vertueux ecclefiastiques, & tant de braves gentilhommes, qui y viennent de tout le voifinage, ont employé leurs temps dans les études, avec un fuccez merveilleux. Le Reverend Pere Daverdy, fi fameux & fi eftimé par les admirables qualitez qu'il poffede, & qui a l'avantage d'avoir préché dans les plus celebres chaires de ce royaume, avec un applaudiffement univerfel, eft aujourd'huy recteur de ce college.

Devant la porte de l'eglife nous vîmes deux pieces d'une même colomne de marbre, environ de douze pieds de hauteur, lors qu'elle étoit en fon entier, fur l'une defquelles nous lûmes l'infcription fuivante, rapportée par Gruterus, parmi fes infcriptions antiques :

SALVIS D.D. N.N.
THEODOSIO. ET
VALENTINIANO.
P. F. V. AC TRIUM.
SEMPER AUG. XV.
CONS. VIR INL....
AUXILIARIS PRÆ.
PRÆTO. GALLIA.....
DE ARELATE MA....
MILLIARIA PONI. S...
M. P. I.

C'eft à dire.
Salvis dominis noftris Theodofio & Valentiniano, piis, felicibus, victoribus, ac triumphatoribus, Semper Auguftis, decies quinquies confulibus.

Vir illuftris Auxiliaris præfectus prætorio Galliarum, de Arelate Maffiliam milliaria poni fuafit.

Milliare primum incipit.

Cette colomne eſt un monument bien glorieux à la ville d'Arles, puiſqu'elle eſt un témoignage illuſtre que le ſiege du prefect du pretoire des Gaules êtoit établi en cette ville, dans la perſonne d'Auxiliaris.

Les Romains ſe ſervoient de ces ſortes de colomnes pour marquer les milles, d'où l'on contoit, *a primo lapide,* ayant un ſoin particulier des chemins. Nous avons découvert, ces jours paſſés, une autre colomne milliaire dreſſée à l'honneur de Conſtantin le Grand, de laquelle nous parlerons au livre ſuivant : Où il faut remarquer qu'il n'y a gueres des ruës, des egliſes, & meſmes des maiſons particulieres, où l'on ne trouve des baſes, des chapiteaux & des tronçons de colomnes, du plus beau marbre d'Orient, diſperſées çà & là. Et ce qui eſt encore plus ſurprenant, c'eſt qu'on ne creuſe preſque jamais, pour faire des caves, des puys, & des fondemens des maiſons, qu'on ne déterre mille choſes curieuſes, comme medailles, & bijoux antiques, urnes lachrimatoires, lampes éternelles, pavez à la moſaïque, & ſurtout des pieces de marbre travaillées de tres-bonne main ; ce qui a donné cours à cette eſpece de proverbe :

Ditior eſt Arelas sepulta, quam viva.

Avant que de quitter le college, nous deſcendimes dans quelques caves qui ſont aux environs, & particulierement dans celle des RR. Peres Jeſuites, cette cave eſt une fort belle antiquité. On y voit encore quelques niches , & quelques colomnes encore en œuvre au dedans ; & au dehors quelques arcs antiques diſpoſez en rond, preſque tous comblez de terre, dans la baſſe cour des claſſes ; c'êtoient des ſuites des thermes qui ſe communiquoient avec ceux du Marché, dont nous avons parlé, & ou l'on faiſoit venir l'eau par des aqueducs, dont on voit encore quelques veſtiges dans les caves voiſines. Nous pouvons dire que ces lieux ne ſont pas moins utiles aujourd'huy qu'ils êtoient autrefois, puiſque, ne ſervant anciennement que des bains pour laver le corps, ils ſont remplis maintenant d'excellens vins qu'on y tient, & qui ſont fort propres à fortifier le cœur, & à réjouïr l'eſprit.

Chapitre XVI.

De quelques Antiquitez qui sont dans le bourg.

EN allant à ce quartier, on peut voir en passant les figures de neuf cochons qu'on dit qu'un gentilhomme de cette ville fit enchasser là, en memoire d'un miracle qui êtoit arrivé à sa femme, qui par une punition du ciel avoit fait neuf enfans d'une seule ventrée & autant qu'une truye fait de cochons ; & ce fut à la priere d'une pauvre mandiante qui ayant deux ou trois enfans luy demandoit l'aumone, & que cette dame avoit appellée louve ou truye, à ce qu'on dit ; mais quoy qu'il en soit de cette aventure , cette maison appartient aujourd'huy à Mr. de Sabatier de l'Academie Royale, dont la reputation est aujourd'huy si répandüe dans le royaume par l'avantage qu'il a d'avoir composé un excellent livre des lettres en vers françois.

Le bourg êtoit separé anciennement du reste de la ville par une muraille * dont on voit encore une partie en ce quartier. Il avoit ses officiers particuliers & faisoit ses affaires à part. Ce qui se justifie par une lettre de Frideric II. que cet empereur addressoit aux Srs consuls, à la noblesse, & au peuple, tant d'Arles, que du bourg. Cette lettre est dans les archives.

> * Cette mu-
> raille est faite
> de pierre du
> Moleyrés, & a
> plus de 4. pieds
> d'épaisseur; elle
> sert de murail-
> le mitoyenne
> à la maison du
> sieur Bou-
> chaud, bour-
> geois, & à la
> mienne.

L'eglise de Sainte-Croix est dans ce même quartier. Elle est une des mieux ornées, des plus grandes, pour l'étendüe de la parroisse, & une des plus anciennes & des mieux servies de la ville. Monsieur Masson promoteur de Monseigneur l'archevêque, & qui est une personne d'un merite extraordinaire, en est aujourd'huy curé perpetuel. C'êtoit autrefois un prieuré qui avoit une partie du dixme de la ville & qui a été annexé au corps du chapitre metropolitain.

L'antiquité de cette eglise nous est marquée par la structure

> Ex eo autem
> cœnobio Regio
> jamdudum ad-
> vectum Conf-
> tantinus Ab-
> bas, illud ho-
> noris ergo, in
> ecclesia Stæ

de son bâtiment, où l'on voit des piliers d'une grosseur extraordinaire, & par plusieurs vases de terre cuite qu'on a découverts ces dernieres années, sur le presbitere de cette eglise dont il est presque tout couvert. Ces vases sont ouverts seulement du côté qui tournoit en bas, & c'étoit apparemment pour recevoir les impressions de la voix des chantres, & de l'augmenter par leur retentissement, étant à peu prés semblables aux vases dont nous avons parlé au chapitre du theatre, destinez à cet usage. Outre ce que nous venons de dire, le voyageur curieux pourra encore remarquer dans ce lieu : 1°. une inscription antique prés du grand autel, sur un pied-d'estail de marbre, au côté de la sacristie. 2°. à l'entrée de l'eglise un tombeau de marbre avec son couvercle, dans lequel le corps de St. Florentin, abbé & patron de cette parroisse, fut mis. Il fut porté dans cette eglise d'un monastere ruiné par les Gots que Childebert, roi de France, avoit fait bâtir dans cette ville, dans le quartier du bourg, & à mon avis, au même endroit ou est apresent le couvent des Grands Augustins, où ces Peres ont une tres-magnifique eglise.

On voit sur le couvercle de ce tombeau l'epitaphe de Saint Florentin premier abbé de ce monastere, qui est faite en façon d'acrostiche en vers Latins sur ces paroles :

Florentinus Abbas hic in pace quiescit Amen.

3°. On nous fit voir dans cette eglise plusieurs belles chasses d'argent remplies de saintes reliques, parmi lesquelles sont celles de Saint Hilaire, archevèque d'Arles, un des plus grands personnages de l'eglise, qui y sont conservées depuis plusieurs siecles. Et les curieux observeront icy en passant que le nombre des chasses d'argent, qui sont dans les autres eglises de cette ville, est si grand, que sans comprendre celles qui sont commencées, on en conte plus de soixante, qui sont à peu prés de la grosseur du naturel, que l'on porte tous les ans la veille de l'Ascension en procession generale, soûs des dez tres-magnifiques, & qui font un thresor tres-estimable. Cette procession est une de plus belles de l'Europe, étant composée de cette admirable compagnie des Saints, de huit differens ordres religieux, de sept parroisses, de deux chapitres, de Messieurs les

magiſtrats de la police, d'une nombreuſe nobleſſe, & de Meſſieurs les officiers du ſiege ˙ qui eſt un des plus illuſtres corps
de la province.

Cependant ayant marché toute la journée, nous trouvâmes
bon de prendre quelque repos, & de ſinir nos viſites par celle
du grand hôpital qui êtoit tout proche de ſon auberge; aprés
quoy nous nous ſeparâmes ayant reſolu d'aller voir le lende-
main, les antiquitez qui ſont hors de la ville.

Fin de la premiere partie.

A Monseignevr

L'ILLVSTRISSIME ET REVERENDISSIME
JEAN-BAPTISTE ADEYMAR DE MONTEIL
DE GRIGNAN
Archeveque de claydiopolis,
coadivtevr en l'archeveque d'Arles,
CONSEILLER DV ROY
en ses conseils &c.

ONSEIGNEUR,

*PLUSIEURS grandes raiſons me font prendre la liberté
d'offrir à VOTRE GRANDEUR cette première partie des
ANTIQUITEZ D'ARLES. Comme j'y traite des plus ſuperbes monuments que les Romains élevèrent autrefois dans
cette ville, & que j'y touche la célèbre, mais la trés-injuſte
question qu'on a faite depuis quelques années, contre les
saints de Provence en général & contre nôtre Saint Trophime
en particulier; à qui pouvais-je m'adreſſer plus juſtement,
qu'à vous MONSEIGNEVR, qui excellez parfaitement
en la ſcience des antiquitez sacrées et prophanes, qui con-
noiſſez ſi bien le fond des choſes, & à qui le clergé a preſque toujours remis le jugement de ses affaires les plus diffi-
ciles et les plus importantes.*

*Tout le monde ſçait, MONSEIGNEUR, que le ROY
dont le diſcernement eſt ſi parfait, ne vous a ordonné, par des
lettres tres-obligeantes, d'aſſiſter à la dernière aſſemblée de*

cette province, que pour faire connoître à toute la France, la
confiance qu'il a en vôtre fageffe, & qu'il vous regarde comme une des plus nobles & des plus neceffaires intelligences de
l'Etat. Et l'on n'en fera nullement furpris, lors qu'on voudra
fe reffouvenir que vous procurez la gloire de cet augufte
prince par tous les moyens poffibles ; que vous êtes le premier
mobile du grand deffein qu'on a d'ériger dans la capitale de
cette province la STATUE EQUESTRE du plus aymable de tous les
maîtres, & du plus grand de tous les Roys ; que vous vous
portez à l'execution de ce magnifique deffein de la manière
la plus judicieufe du monde, & qu'enfin vôtre rare fageffe, ani-
mée par l'ardeur de vôtre zele pour le bien de l'Etat, vous fait
furmonter des difficultez invincibles, quand il s'agit des inté-
rêts de SA MAJESTÉ. C'eft cette rare fageffe qui vous merite
l'eftime & les complaifances du plus fage monarque de l'U-
nivers ; & c'eft-elle auffi qui fait voir que ce fameux différent
ne pouvoit être décidé en faveur des saints tutelaires de ce
païs, en un tribunal plus éclairé, & plus augufte que le vôtre;
& que je ne pouvois choifir un protecteur plus illuftre que vous
MONSEIGNEVR, pour procurer une heureufe deftinée
à mon ouvrage.

Si VOTRE GRANDEUR y daigne jeter les yeux, elle
y verra d'un côté l'eglife d'Arles honnorée des privileges extraordinaires, & choifie par le prince des apôtres pour être
le premier fiege de la puiffance ecclefiastique dans l'Occident, aprés le saint fiege de Rome. Elle y reconnoîtra St.
Trophime portant le premier le flambeau de la foy dans ces
vaftes régions, & méritant d'être furnommé le digne & le veritable apôtre des Gaules. Elle y obfervera, de l'autre, que fi
la ville d'Arles s'acquit une fplendeur tres-éclatante dans la lumiere de la religion chrétienne, elle ne fut pas moins celebre
dans les obfcuritez du paganifme, puifque ce fut alors qu'elle
fut embellie par les anciens Romains d'un theatre pompeux,
d'un amphitheatre, & d'autres merveilleux ouvrages, dont les
beaux reftes font encore l'admiration de notre fiecle. Avec
quel plaifir ne regardera-t-on pas ces dépoüilles fuperbes de
l'idolatrie, dans le nouveau jour ou elles vont paroître, faire

hommage à la veritable religion, dans votre perſonne ſacrée, en qui l'on voit un veritable ſucceſſeur des apôtres ?

En effet MONSEIGNEUR, vous ne vous contentez pas d'aſſoupir les haines publiques & particulieres, de terminer les procez, de maintenir le bon ordre dans votre dioceſe, & de travailler inceſſamment pour le ſalut des peuples qui vous ſont commis, votre pieté qui ne peut ſouffrir des bornes ſi étroites ne s'arréte pas là. Vous vous derrobez aux douceurs du plus legitime repos pour courir au travail ; & quittant les choſes que la nature & le ſang vous rendent les plus cheres, vous allez étendre les limites de l'empire de Jeſus-Chriſt, dans la plus auguſte cour de l'Europe. Lorſqu'on vous conſidere, MONSEIGNEUR, à la téte du clergè de France, aſſiſtè de tous les prelats du royaume, ſecondant les intentions du plus chrêtien des Roys, dans le grand ouvrage de la deſtruction de l'hereſie (que S. M. a depuis executé avec tant de ſuccez) & ſoûtenant enſuite ceite sainte & ſçavante remontrance, par les prédications d'un Avent entier ; châcun dit de vous, MONSEIGNEVR, ce qu'un St. Pape diſoit autrefois de l'illuſtre fondateur de votre egliſe : Ex cujus predicationis fonte omnes galliæ fidei rivulos acceperunt.

Mais à qui pouvais-je encore recourir plus à propos pour tirer de l'obſcurité tant de ſuperbes monumens enſevelis dans leurs ruïnes, qu'à vous MONSEIGNEUR, qui étes une veritable source de lumière, & qui avez paru ces dernieres années avec tant d'éclat, au milieu de la cour, dans l'eloge funebre de la plus grande Reine du monde ? Je ne vois qu'une ſeule choſe qui me doive jetter dans une juſte crainte ; c'eſt qu'entreprenant d'écrire dans un ſiecle le plus délicat qui fut jamais, où tout homme ſage doit trembler quand il donne ſes ouvrages au public, je preſente le mien à un ſi grand prelat, que la Sorbonne conſidere comme l'un de ſes plus riches ornemens, & que la France admire comme l'un des plus excellens maîtres de l'eloquence. Mais MONSEIGNEUR, ſi vos brillantes lumieres me font tout craindre, vôtre bonté extraordinaire me fait tout eſperer. C'eſt elle ſeule qui me donne du courage dans mon entrepriſe. Et que ne doit-on pas eſperer de cette bonté ſi propre à votre illustre famille ? Il n'est personne qui ne sçache que l'affabilité & la douceur en font le caractere, & sans aller foüiller dans les cendres d'une infinité de heros qui en font fortis, qui ont tous été extremement bons & genereux ; sans parler du merite singulier de MESSEIGNEURS vos incomparables freres, qui font les delices de nos provinces, n'avons-nous pas de quoy nous convaincre parfaitement sur ce sujet, dans l'illustre personne de MONSEIGNEUR vostre oncle, nostre grand archevêque ? ne dit-on pas partout de luy qu'il est egalement le modelle d'un prelat accompli, & un fond de bonté pour tous ceux qui ont recours à sa clemence ?

C'est d'un sang aussi illustre, MONSEIGNEUR, que vous avez reçeu cette élevation d'ame, cette penetration merveilleuse, & cette bonté presque sans exemple. C'est de là que vous avez appris a être prudent dans tous vos discours, sage dans tous vos conseils, & accessible à tout le monde. C'est de là enfin que viennent tant de biens, & tant de prosperitez éclatantes à cette ville, & à cette province. Toutes ces hautes qualitez, MONSEIGNEUR, me font esperer un bon succez dans mon entreprise; & je l'auray selon tous mes desirs, si VOTRE GRANDEVR me fait la grace d'agreer le petit travail que j'ose luy offrir, & si je puis luy marquer par-là, le tres-profond respect & le zele tres-ardent avel lequel je suis, & seray toute ma vie,

MONSEIGNEUR,

DE VOTRE GRANDEUR,

Le tres-humble & tres-obeiffant
ferviteur,
IOSEPH SEGUIN.

LES ANTIQVITEZ

D'ARLES,

TRAITEES EN MANIERE D'ENTRETIEN, ET D'ITINERAIRE.

LIVRE II.

CONTENANT LES ANTIQUITEZ QUI SONT HORS DE LA VILLE.

CHAPITRE I.

Du Saint Cemetiere d'Arles, appellé par les Anciens, les Champs Elisées.

NOSTRE Voyageur m'êtoit venu prendre le matin pour parcourir avec moy les antiquitez qui sõt hors de la ville. Nous trouvâmes bon de commencer par le saint Cemetiere d'Alifcamp, qui eft un lieu où il y a une infinité de chofes curieufes à voir. Les anciens payens appelloient ce Cemetiere les Champs Elifées, c'eft-à-dire délivrans de toute peine ; croyans que leurs morts étoient tourmentez, jufqu'à ce qu'on les eût

Neque enim animas c h a-ronti licet fty-gis rauca flu-enta tranfpor-tare, p r i u s-quam Sedibus offa quierunt. Centum errant annos. Hom. Iliad. & Virgil. liv. 6. & liv. XI.

enfevelis, avec les ceremonies accoûtumées, dans ce cemetiere qui étoit un des plus celebres des Gaules.

Il étoit fitué fur un grand chemin, felon la loüable coûtume des anciens, qui en ufoient ainfi ; foit parce qu'il ne leur étoit pas permis d'enfevelir dans les villes, foit pour entretenir du merite & des qualitez du défunct les paffans, aux quels ils addreffoient d'ordinaire les epitaphes ; foit enfin pour les faire fouvenir eux-mêmes de la mort. Ainfi cet endroit fût appellé les Champs Elifées, & par corruption le cemetiere d'Alifcamp, comme on le nomme encore aujourd'huy.

Hominé mortuum in urbe ne fepelito. neue urito ex leg. 12. tabularum. cic. 2. de leg.

Cet endroit étant encore prés des marets, & même de la Mer, qui n'en étoit pas loin anciennement, étoit fort propre à favorifer la fuperftition des payens qui aymoient particulierement à être enfevelis prés des eaux. C'eft ainfi qu'on mit le tombeau d'Ajax & celuy d'Hector le long de la Mer, au rapport d'Homere ; auffi bien que les fepulchres, des autres heros de l'antiquité, felon la remarque du Pere Iean Loüis de la Cerda, jefuite de Tolede, dans fes notes fur ce vers de Virgile :

Æneid. liv. 6.

Nec minus interea Mifenum in littore Teucrj Flebant, &c.

Où cet autheur aprés avoir remarqué l'hiftoire de Cœranus, lequel ayant été aymé d'un dauphin pendant fa vie, on vit une multitude de dauphins qui accoururent à son tombeau, lors qu'il fût placé fur le rivage de la Mer, rapporte fur ce fujet l'epitaphe grecque d'Achille, traduite en ces deux vers Latins, par Henri Eftienne :

Adjacet ille mari, ftreperis celebretur ut undis, Cui fuerat genitrix, diva marina, Thetis.

Et on faifoit ainfi les cemetieres au bord des rivieres ou des palluds, felon Paufanias, pour fignifier que l'homme étoit compofé de l'eau & de la terre. Outre que les anciens croyoient que l'eau étoit facrée, & quelques-uns en ayant fait une deeffe, ils croyoient que les corps qui étoient enterrez auprés des eaux, étoient purifiez. Les Perfes, les Egyptiens & les Maffagetes facrifioient à l'eau, au témoignage d'Herodote rapporté par Natalis Comes. *liv.* 1. *c.* 7. de fa Mytologie, & d'Alexãder ab Alexandro *livre* 6. *chap.* 26. Les Romains extréme-

ment fuperftitieux, & qui prenoient facilement les coûtumes
des peuples qu'ils avoient vaincus, & même les ceremonies de
leur religion firent le même, comme l'affure Natalis Comes
au même chapitre, parlant des Grecs : *Romani poftea,* dit-il,
*Græciâ fubactâ, quafi captivatam Græcorum Religionem in
patriàm tranflulerunt.*

Il y a dans ce lieu deux fortes d'antiquitez, les unes payĕnes & les autres chrètiennes ; nous traiterŏs de ces dernieres
aux chapitres fuivãts, voicy ce que nous remarquâmes des
payĕnes.

Il n'eft pas fort difficile de connoître que ce Cemetiere a fervy aux payens : l'ancien nom de Champs Elifées, le grand
nombre de tombeaux avec leurs infcriptions confacrées aux
dieux Manes, & les autres affortiffemens fepulchreaux, comme les urnes, les lachrymatoires, & les lampes éternelles qu'on
y avoit trouvées fi fouvent, font des marques affés connües
de la fuperftition payenne, & des preuves affés convainquätes
que ce lieu fût choifi pour y enfevelir les corps des idolatres.
Ie diray un mot de toutes ces chofes, après que j'auray rapporté trois ou quatre infcriptions tumulaires tres-curieufes,
qui donneront tout fon jour à cette verité.

La premiere eft digne d'être remarquée. Elle eft gravée fur
un magnifique tombeau de marbre, dans un beau cartouche,
ayant une corne d'abondance de chaque côté, & à châque bout
une patere, ou une difque, fi l'on veut, & une coignée feulement à un bout, en ces termes :

CÆCILIAE D. F. APRULLAE FLAM.
DESIGNATAE COL. DEA AUG. VOC.
D. θ. ANNOS. XIIII. MENS. II. DIES V. M.
MARITUS VXORI PIISSIMAE POSUIT.

Ce tombeau a été tranfporté du cemetiere dans la baffe cour du grand hopital.

c'eft-à-dire :

Le corps de la tres vertueufe Cecile APRULLE fille de De-

cius, deſtinée à être flamine ou prétreſſe d'Auguſte ; de la colonie des Vocontiens établie à Die ; a été enſevelie dans ce monument, que ſon affligé mari a conſacré à ſa memoire, elle n'a
vécu que quatorze ans, deux mois, & cinq jours.

Les cornes d'abondance qui font une partie des ornemens
de ce sepulchre, peuvent ſignifier qu'une jeûne femme auſſi
vertueuſe que nôtre Cecile, eſt une veritable ſource de biens
& de plaiſirs, dans une famille. Ces pateres, qui êtoient des
vaſes deſtinez pour recevoir le ſang de la victime :

Æneid. lib. 6.

> *Supponunt alij cultros, tepidumque cruorem,*
> *Suſcipiunt Pateris,* dit le poëte,

& qu'on voit aux deux bouts de ce tombeau, font des ſymbo-
les du ſacrifice, & nous marquent que nôtre flamine en devoit
faire à l'honneur d'Auguſte. Car l'hiſtoire nous apprend que le
Senat ayant rendu les honneurs divins à cet empereur, même
pendant ſa vie, on luy avoit bâti des temples, conſacré des
autels, dreſſé des ſtatües couronnées des rayons comme celle
des dieux, inſtitué des prêtres, des prêtreſſes & des ſacrifices,
non ſeulement à Rome, mais encore dans les plus celebres
villes de l'empire. Ces prêtres s'appelloient Auguſtales ; & lors
que le nombre en êtoit déterminé on les marquoit dans les
inſcriptions par ce mot, IIIIIVIRI AUG. c'eſt à dire *ſextumuiri*

Duchoul, de la religion des Romains.

Auguſtales, quintumuiri, duumuiri &c. Comme on appelloit
les Flamines de Mars, *Martiales,* ceux de Vulcain *Vulcana-
les.* Nous en avons quelques autres d'Auguſte que nous verrons dans l'inſcription ſuivante. La dignité des Flamines êtoit
ſi grande qu'ils avoient le privilege de la chaiſe d'yvoire qu'õ
ne dõnoit qu'aux grands magiſtrats, ayant comme eux leurs
revenus aſſignez ſur le threſor public.

La coignée qui eſt en un bout de nôtre tombeau, peut être
priſe pour la figure du Sub Aſcia, qu'on trouve ſi ſouvent dans
les inſcriptions tumulaires.

Monſieur Choirier & Monſieur Spon l'ont fort ingenieuſe-
ment expliqué, diſant que Skia ſignifie ombre, & aſkia & en
latin *ſub Aſcia* ſans ombre, parce que les anciens mettoient
d'ordinaire les tombeaux à découvert, & dans un lieu ſans
ombre ; mais le commun des antiquaires prend le mot Sub

Afcia, pour l'inftrument dont on poliffoit les tombeaux ; d'où vient que dans les loix des douze tables, il y a cet article : *Rogum cAfcià ne polito :* défendant qu'on n'ornât plus les fepulchres, à caufe de la trop grande fomptuofité qui incommodoit fouvent les familles ; fi bien qu'en ce temps-là il n'étoit pas permis de polir les tombeaux fans un privilege particulier, que le mary de nôtre Cecile avoit fans doute obtenu de l'empereur ; comme le marque cette coignée repréfentée dans ce monument, qui eft un des plus beaux qu'on puiffe voir.

L'autre epitaphe d'un Flamine d'Augufte de la colonie d'Aix, & de celle d'Arles, eft celle-cy :

P. SEXTIUS FLORUS IIIIIVIR AUG.
COL. IUL. AQVIS. & COL. P*. AREL.
VALERIAE SPVRIAE FLASSINAE
VXORI PIENTISSIMAE SEX. VALE
RIO PROCVLINO ET SVIS.

* *Paterna feu princeps.*

Monfieur de Romieu & Monfieur Saxi rapportent cette infcription trouvée en ce cemetiere, & qui étoit gravée fur un beau morceau de marbre que Monfieur le prefident d'Opede fit tranfporter a Aix.

La troifiéme eft fur un tombeau de pierre commune, dans un cartouche foûtenu par deux Cupidons, en ces termes :

M. IUNIO MESSIANO
VTRICI. CORP. ARELAT.
D. EIUS D. CORP. MAG. III. F. M.
QVI VIXIT ANN. XXVIII
M. V. D. X. IVNIA VALERIA
ALUMNO CARISSIMO.

Ce tombeau eft à côté de la chapelle de St-Cefaire le Vieux, dâs le cemetiere, où l'ô lit cette epitaphe rapportée par Gruterus. p. 483.

Le premier mot de la feconde ligne eft fort effacé. Monfieur Saxi l'a écrit VEDECI. Mais cela ne fignifieroit rien. Mr. Rebatu dans fes manufcrits, lit Utric. avec un point ; c'eft-à-dire

Vtricularius qui fignifie un joueur de cornemeufe. Mais conftamment, il y un l. bien formé & non pas un point ; & il faut lire neceffairement *Vtrici.* qui peut venir *d'Vtricium* un outre, & d'Vtriciarij qui ètoient ceux qui portoient dans des outres des boiffons à l'armée, que nous appellons en France provoyeurs, & qu'on nomme en Italie *Proveditorj,* de forte qu'on pourroit expliquer ainfi cette infcription :

Le corps des provoyeurs établi dans Arles a fait faire à fes frais ce tombeau, à Marcus Iunius Meffianus, qui avoit èté trois fois Directeur ou Prefect de ce même corps ; & lequel ètant mort en l'âge de vingt huit ans, cinq mois, & dix jours, y a èté enfeveli, par les foins de Iunia Valeria fa nourrice, qui l'aimoit tendrement.

La 4. eft de Lucius Domitius Domitianus, prefect des galleres dans l'armée navale d'Allemagne, et qui fût peut-être parent de l'empereur Domitien ; car outre le nom qui leur eft commun, nous apprenons de Suetonne que ce prince fût furnommé *Germanicus,* à caufe des conquétes qu'il avoit faites dans l'Allemagne, & il fe pourroit faire que nôtre Domitius mourût en cette ville devant ou aprés cette campagne, & que fa femme nommée Peccoceia Valentina eût confacré ce monument à fa memoire avec ces mots, qu'on trouve fur les degrez du côté du Refectoir des Reverends Peres Minimes :

Poft autem duos triumphos, germanici cognomine affumpto, feptembrem menfé, & octobrem, ex appellationibus fuis, germanicum domitianúque transnominavit. quod altero fufcepiffet imperium, altero natus effet. Suetonii. in vita domitiani.

L. DOMIT. DOMITIANI

D. EX. TRIERARCHI CLASS. GERM. M.

PECCOCEIA VALENTINA

CONIUX PIENTISSIMA.

Il y a une infinité d'autres epitaphes de cette forte dans ce Cemetiere, que nous rapporterons dans la fuite, mais ces quatre fuffiront fans doute pour nous faire voir que ce lieu fervit aux payens, comme le D. & M. que nous y obfervons, en font des marques certaines; & pour expliquer, une fois pour toutes, ces deux lettres capitales qu'on voit prefque à toutes les infcriptions tumulaires des payens, il faut fuppofer qu'on croyoit dans le paganifme que l'homme ètoit compofé de trois parties differentes, de l'efprit qui ètoit la partie la plus pure, & la plus fenfible, & qui participoit en quelque maniere de la nature divine ; de l'ombre qui ètoit comme l'image vifible de l'efprit, mais impalpable & qui ètoit d'une nature moyéne entre l'efprit & la matiere ; & du corps qui ètoit la partie la plus groffiere & la plus fenfible, & qui ètoit l'image de l'une & de l'autre. L'efprit, difoient-ils, s'envoloit au ciel, à caufe de fon extréme legereté, l'ombre defcendoit dans les enfers, ou dans les Champs Elifées n'ayant pas pù fuivre, à caufe de fa pefanteur, l'efprit dans le ciel, pendant que le corps brûlé & réduit en cendres demeuroit enfermé dans des urnes. Deforte qu'ils s'imaginoient que les ombres étoient fous le gouvernemēt des dieux. Manes, c'eft à dire des dieux infernaux, ainfi nommez parce qu'ils attendoient tous les hōmes, qui ne pouvoient éviter leur jurifdiction & leur empire. Et c'eft ce que le poëte femble nous marquer par ces vers :

Et tandem læti fociorum ulcifcimur umbras.

Dij, quibus imperium eft animarum, Vmbræque filentes.

Æneid. 3. 6.

Et c'eft pour ce fujet que les anciens fe faifant un foin particulier de conferver la memoire des morts, par le moyen des monumens, & des infcriptions fepulchrales, les con.acroiēt d'ordinaire aux dieux Manes, foit afin que ces dieux infernaux ne traitaffent pas fi cruellement les ombres, foit afin qu'ils fouffriffent fans regret, qu'on ravît à la mort, par ces devoirs religieux, la plus belle partie de fa proye. Et c'eft pour cette raifon que nous voyons prefque toutes les epitaphes des payens marquées de ces deux lettres : D. M. c'eft à dire :

DIIS MANIBVS.

Chapitre II.

De l'ufage des Urnes, des Lachrymatoires & des Lampes eternelles des anciens.

CE n'eſt pas une chofe fort finguliere de trouver des Urnes, des Lachrymatoires, & des Lampes eternelles dãs les tõ-beaux que nous avons dans nôtre cemetiere. Les cabinets de nos curieux font pleins de ces fortes de curiofitez qu'on a ti-rées, & qu'on tire tous les jours de ce lieu ; & il fera tres-aifé aux voyageurs curieux de fe fatisfaire entierement là deſſus. Et pour dire quelque chofe de l'ufage des vrnes antiques, il en faut diſtinguer de quatre fortes ; la premiere eſt de celles qu'õ, appelloit cruches, que les Grecs & les Latins nommoient hy-dria, & dont Homere a fait mention dans fon Iliade , difant qu'il y en avoit deux a la porte du Palais de Iupiter, dont l'une êtoit pleine de bien, & l'autre pleine de mal.

La 2. eſt de celles dont on fe fervoit pour mefurer les cho-fes liquides. Vigenere traite au long de celle-là en fes notes fur Tite live, colomne 1524.

La 3. eſt de celles qu'on employoit pour ramaſſer les fuffra-ges des juges, comme celle dont Virgile parle au livre fixiéme de fon Æneide : *quæſitor minos vrnam movet...*

Et la 4. eſt de celles dans lefquelles on mettoit les os & les cendres des corps brulez, felon la coûtume des anciens. Et c'eſt de cette forte d'vrne dont nous parlons particulierement icy. Gruterus en a traité amplement, les appellant *Ollas oſſuas & ollas oſſuarias,* en plufieurs endroits de fes infcriptiõs ro-maines, & entre-autres en la page 865.

Leur matiere fût diverfe felon la qualité & les moyens des perfonnes qui les faifoient faire, il y en eut d'or, comme celles de Patrocle, & d'Hector, au rapport d'Homere. On en fit auſſi d'argent, d'autres furent de cuivre comme celle de Chorineus & quelques autres de verre, comme les trois belles vrnes avec leurs ances que nous vîmes chez Monfieur le confeiller Terrin, dans lefquelles on remarque ce beau vernis argentin fi eftimé des curieux ; mais la plus part furent de terre cuite. Nous en avons une infinité de cette forte dans cette ville. Monfieur Borel, avocat, en a une de terre d'une beauté & d'une groffeur extraordinaires : auffi bien que monfieur Arnaud, auffi avocat, parmi fes curiofitez. On en voit encore quelques-unes chez Monfieur Giffon medecin, & ce dernier a un fort joli cabinet, remarquable par fes livres, & par fes peintures, dont la plufpart font de l'illuftre Monfieur Mignard, peintre de fa Majefté.

Cado texit Chorineus aheno. Æneid. liv. 6.

Il nous refte en cet endroit une difficulté affés curieufe à expliquer, & dont les autheurs anciens qui ont parlé des funerailles de leurs morts, n'ont pas pris affez de foin de nous inftruire ; fçavoir de qu'elle maniere ils recuilloient les cendres des corps brulez.

Servius fur ce vers de Virgile : *Offaque lecta*, tranche la difficulté dans un mot, difant qu'on ramaffoit tout enfemble avec les os. Le Pere Bencius neantmoins & la plufpart des antiquaires modernes font d'un autre fentiment : *In urnam cineres condebantur, & offa fortaffe in offarium*, dit cet autheur, voulant qu'on mit les cendres du corps brûlé en un endroit, & les os en un autre, conformement à cette infcription antique que nous avons trouvée le Pere Iofeph Guis, & moy, ces jours paffez, fur une pierre du moleyres, prés du moulin-à-vent appartenant au Sieur Iofeph Gallon, prés de laquelle on a trouvé une vrne antique de verre fans ances, avec trois lachrymatoires auffi de verre qui étoient dedans, & quelques os demy brulez :

Æneid.

Franc. Bencij è soc. jefu. oratio XXVI. de funere antiq. Romanorum.

```
....   .....  ARBAE SVRVLIB......
....   IN HOC SEPVLCHRO SVNT OSSA.....
....   ALIBI SVNT CINERES.... STRVXSI....
.................................................
```

Le reste a été depuis peu malicieusement emporté par des mains barbares & impies, à grands coups de marteaux.

Alexander ab Alexandro *lib. 3. c. 7.* nous fait remarquer que pour faire plus commodement cette separation des os du corps d'avec les cendres du bucher, on se servoit autrefois dans les Indes d'une sorte de toile incombustible faite d'amianthe, qu'on appelle communement linum asbeston. Il ressemble à du bois lors qu'il est sec, & c'est pour ce sujet, qu'au rapport d'Antonius Mussa Brassavolus de Ferrare, les imposteurs vendent souvent cet asbeston aux simples femmelettes, pour du bois de la Sainte Croix de Nôtre-Seigneur; ce qu'elles se persuadent facilement, parce qu'il ne brûle pas dans le feu comme ce saint bois. Il y a pourtant cette difference que ce sacré bois ne reçoit aucune diminution dans le feu, au lieu que l'asbeston diminuë presque de la moitie de son poids, en le brûlant trois ou quatre fois. Pline traite amplement de cette toile, il assure même qu'on s'en servoit pour brûler les corps des roys, & qu'elle est incôbustible. Et l'on l'en doit croire dans cette occasion, ayant pour garans qui l'ont assuré devant luy, Dioscoride & Strabon, & aprés eux Plûtarque & Pausanias.

Et j'ose dire qu'il n'y a plus sujet d'en douter, aprés une épreuve publique qui s'en est faite à Londres, en présence de la sçavante Societé Royale d'Angleterre le douxiéme novembre mil six cent quatre-vingt-quatre, au rapport du journal des sçavans, pour l'année mil six cent quatre-vingt-cinq. Tome treize.

Ce qui fait voir que cette toile incombustible, étant si propre pour la ceremonie dont nous parlons, il est probable qu'on en avoit l'usage à Rome, sur tout dans l'Apotheose des empereurs, & même dans la pompe funebre des premiers officiers de l'empire; laissant l'ustrine de pierre pour brûler les corps des particuliers, & pour le menu peuple.

Où nous remarquerons en passant que les buchers sur lequel on brûloit les corps, & mêmes les ustrines qui étoient côme des petits fourneaux de pierre, se faisoient pour l'ordinaire à deux mille pas hors de la ville, comme nous le fait observer Dion *liv. 48.* sur cette loy des 12. tables :

Hominem mortuum in urbe ne fepelito, neve urito :

Monfieur Spon dans fon *Mifcellanea Antiquitatis* nous donne la figure d'une de ces uftrines de pierre qu'il a veuë à Rome. Et Natalis Comes, rapportant fur ce fujet l'autorité de Theophrafte, dit qu'on ufoit dans la Grece d'une groffe caiffe de pierre faite en rond qu'il appelle *Arca lapidea circularis,* dans laquelle on mettoit le corps pour le brûler, & pour pouvoir en fuite receuillir aifement fes cendres.

Natalis Comes libro 1. c. 13. mythol.

Comme nos anciens Peres fuivoient en ce temps-là les coûtumes & les manieres des Grecs Ioniens; qu'ils en avoient appris le langage, & qu'ils donnoient même à leurs enfans des noms Grecs; ainfi que nous le pouvons juftifier par une infinité des noms de cette forte que nous trouvons dans nos epitaphes, il y a apparence qu'on fe fervoit dans cette ville & dans les autres de cette province de cette caiffe de pierre dont parle Theophrafte, pour confumer les corps, & pour pouvoir ramaffer fans peine leurs cendres feparement de celles du bucher.

Outre les cendres & les os des défunts qu'on enfermoit dans ces vrnes, on y mettoit auffi fort fouvent les chofes qui avoient été les plus cheres aux morts pendant leur vie; aprés en avoir brûlé une partie felon la remarque de Virgile :

Purpureafque fuper veftes, & velamina nota
Conjiciunt. &c.

& de Farnabius fur ce même vers : *Cum viris magnis,* dit-il, *unà cremabantur arma, veftes, equi, canes, & quæ in vita erant cariffima, apud Indos & vxor amatiffima.* Cette coûtume fe pratiquoit particulierement à l'égard des perfonnes de qualité, mais ce qui étoit commun à toutes fortes de gens, c'étoient des petites phioles de verre dont on fe fervoit pour recueillir les larmes des parens & des amis du mort. Ces petites phioles s'appelloient des lachrymatoires ; mais parce qu'en ce temps là, comme en celuy-ci, il y avoit des perfonnes qui ne pouvoient pas pleurer, afin que les morts ne perdiffent rien dans ces occafions il y avoit des pleureufes publiques, qu'on appelloit *Præficas,* & que Marc Varron nomme *principes luctuum & planctuum.* Ces femmes pleuroient pen-

Servius. 9. Funera mater 6. ferales ante cupreffos. Feftus V. præfica.

Luctu honorantur mortui.

Hom. Il. 28.
Cic.1. Tuſcul.
Virg.XI.Spar-
gitur & tellus
lachrimis &c.
dant tout le temps qu'on brûloit le corps, aux quelles les aſſiſtants répondoient par des ſemblables gemiſſemens.

Les anciens ajoûtoient tant de foy aux larmes, qu'ils n'auroient pas crû d'être bien enſevelis, ſi l'on n'eut mis quelque lachrymatoire dans leur tombeau.

D'ou vient que nous trouvons ſi ſouvent chez Gruterus ces mots lamantables : *Mater infeliciſſima,* & dans l'epitaphe qui eſt dans l'egliſe de Sainte-Croix dont nous avons parlé, ces mots remarquables : *Mater miſera & in luctu æternali.* Voicy l'epitaphe entiere qui eſt ſur un petit autel antique de marbre, à côté de la ſacriſtie.

<table>
<tr><td></td><td>D.</td><td></td><td>M.</td></tr>
<tr><td colspan="4">L. HOSTILI.TER</td></tr>
<tr><td colspan="4">SILVANI</td></tr>
<tr><td colspan="4">ANN. XXIIII. M. II. D.</td></tr>
<tr><td colspan="4">XV. MATER FIL. PIISSIM</td></tr>
<tr><td colspan="4">MISERA. ET IN LVCTV</td></tr>
<tr><td colspan="4">AETERNALI BENEFICI</td></tr>
<tr><td colspan="4">O. NOVERCAE.</td></tr>
</table>

C'eſt-à-dire.
L'affligée mere de Lucius Hoſtilius Terence Silvain a conſacré ce monument à ſon cher fils qu'elle pleure continuellement ; lequel aprés avoir vécu 24. ans, 2. mois, & 25 jours, y a été enſeveli, par le bien-fait de ſa belle mere.

Ces larmes êtant verſées avec tant d'abondance par les parents & par les amis du mort, auſſi-bien que celles des pleureuſes êtoient recuiellies & miſes dans des lachrymatoires qu'on enfermoit dans des vrnes, ou en quelque endroit du ſepulchre pour le repos du trepaſſé.

Le dernier aſſortiſſement du tombeau êtoit les lampes communement appellées éternelles, qui êtoient le dernier preſent que les vivants faiſoient aux morts, ayant voulu ſignifier par là l'immortalité de l'ame, comme Orus Apollo l'a tres-bien remarqué en ſes notes hyeroglifiques figure 192. où il dit que la lampe allumée eſt le hyeroglife de la vie. Cette lampe êtoit miſe dans le tombeau, comme nous en avons trouvé pluſieurs dans ceux de nôtre cemetiere. Elles ſont pour la pluſpart de terre cuite, ayant à peu-prés la figure de nos lampes de metal. La difficulté eſt de ſçavoir ſi ces lampes pouvoient brûler d'une lumiere perpetuelle, comme quelques autheurs l'ont crû , apportant pour preuve la lampe de Tulliola, fille de Ciceron, qu'on trouva encore allumée en la voye Apie, du temps de Paul 3. & dont par confequent la lumiere avoit duré prés de 17. fiecles. Ils apportent encore l'exemple, de la lampe qu'on découvrit à Padoüe, ou ces trois diftiques êtoient gravez :

> *Plutoni facrum munus, ne attingite fures,*
>
> *Ignotum eft vobis hoc quod in orbe latet.*
>
> *Namque elementa gravi clauſit digeſta labore,*
>
> *Vafe fub hoc modico maximus olybrius.*
>
> *Adfit facundo cuſtos fibi copia cornu.*
>
> *Nec pretium tanti depereat laticis.*

Hermolaus barbarus en fes notes fur Pline & Apian en fes infcriptions romaines, au rapport de Vigenere, en fes colomnes 865. & 866. fur Tite Live.

Ils difent que cette lampe êtoit entre deux petites phioles, l'une d'or, l'autre d'argent, pleines d'une tres-pure & tresclaire liqueur, qui fervoit d'aliment à cette flâme, qu'elle êtoit encore allumée, lors qu'on la trouva, & qu'elle avoit confervé fa lumiere, felon de tres-fortes coniectures, plus de 800. ans. Il eft ayfé d'inferer du fecond diftique de ces vers que l'aliment de cette flâme n'eftoit pas d'huile cõmune , mais la fubftãce de tous les élemẽs, laquelle ayant êté digerée & cõme élambiquée par le fameux Olibrius êtoit d'une égale force, d'une nature pure, & fixe cõme l'or, incapable d'être évaporée, & par confequent incõfuptible au feu. Vigenere en fes colõnes 866. & 867. citant Plutarque, la vie d'Alexandre, attribuë cette incombuftibilité à la liqueur appellée naphete. Apian veut que ce foit de l'or reduit en huile.

Le Pere Kirquer, jefuite allemand, dans fon Œdipus Ægyptiacus *liv. 3.* de Lucernis Ægyptiorũ &c, affure que fi ce fecret êtoit poffible, fe feroit par le moyen de l'amianthe ou du l'afbefte des Indes, & de ce dernier il dit en avoir dans fa lampe une meche allumée qui ne s'eft point diminuée depuis plufieurs années qu'il la conferve, & qu'il ne croit pas même qu'elle fe diminuë jamais, affurant que qui auroit une parfaite cõnoiffance de l'amianthe, il en tireroit une huile incombuftible.

Pour moy, s'il m'eft permis de dire mon fentiment fur cette queftion, je croy qu'il eft bien difficile de comprendre qu'un

aliment huileux & gras qu'on fuppofe nourrir cette flâmme,
ne fe réfolve en vapeurs, & par confequent qu'il ne fe diffipe,
& ne fe confume, quelque precaution qu'on puiffe prēdre
pour ramaffer ces vapeurs, & pour leurs faire faire la circu-
lation perpetuelle qu'on prétent. Cependant pour ne pas donner un démenti à tant de témoins oculaires qui affurent avoir
veû de ces lampes encore allumées, lors qu'on les a trouvées,
plufieurs fiécles aprés qu'elles ont été mifes dans les tombeaux, j'ayme mieux les expliquer, que de les nier abfolument ; ce que je puis faire ayfement par le moyen des phofphores fi celebres aujourd'huy parmi les chimiftes.

Tirée de l'v-rine humaine, ou l'on fait en-trer de l'effence de girofle ou de canelle pour en corriger la mauvaise odeur & pour en rendre la lumiere plus belle.

Et pour donner jour à cette penfée, il faut fuppofer que ce
mot de phofphore vient du nom Grec φωσφορος *Phofphoros*,
c'eft à dire porte lumiere. C'eft une matiere lumineufe prépa-
rée & fermentée par la diftilation. Monfieur Nicolas Lemeri
en donne la compofition & les efpeces differentes dans fon
cours de chimie. Mr. Daniel Krafft, chimifte allemand, eft le
premier inventeur de ce phofphore qui fe tire de l'vrine. Il luy
baille une confiftence de pâte ou de liqueur, felon qu'il luy
plaît. Balduinus allemand, Kunkelius medecin de Saxe, &
plufieurs autres fçavans chimiftes, fe font appliquez ces dernieres années aux phofphores avec un fuccez merveilleux.
Mais fur tous les autres, l'illuftre Monfieur Boile, de Londres,
à qui les fçavans ont tāt d'obligation, a, donné, en Anglois &
en Latin, un traité intitulé *Noctiluca Aeria,* remply de quantité d'experiences tres-curieufes qui font voir que le principal
effet du phofphore eft d'ètre lumineux dans les tenebres, mais
principalement quand il fait chaud, car le trop grand froid en
refferrant les parties, empèche qu'elles ne s'allument. Mais
ce qui fait merveilleufement à mon fujet, c'eft que ces Meffieurs nous font remarquer particulierement que l'air rend le
phofphore lumineux ; & comme l'air allume le feu, en exci-
tant le mouvement de fes parties, ils ont obfervé auffi que
l'air excite la lumiere du phofphore ; car quand la matiere du
phofphore a demeuré long-temps bien enfermée dans une
bouteille, elle n'éclaire plus, & elle ne réprend fa lumiere,
que lors qu'en débouchant la bouteille, on luy donne de l'air.

Sur quoy ie dis qu'il fe pourroit bïen faïre que la liqueur
qui fût trouvée dans la lampe de Tulliola & dans celle de Pa-
douë, dont nous venons de parler, fut la veritable matiere de
nôtre phofphore, qui s'alluma, à mefure que l'air en y entrant, donna du mouvement à fes parties fulfureufes & merveilleufement inflammables. Et ce qui femble confirmer ce
fentiment, c'eft que dans toutes les lampes qu'on a trouvées
encore ardēntes, on n'y a iamais remarqué de meches, mais
feulement une liqueur tres-claire qui n'êtoit autre, à mon avis,
que celle du phofphore.

C H A P I T R E III.

De la saintetè du Cemetiere d'Arles, & des saints
Perfonnages originaires, ou habitans de çette ville.

Prés plufieurs fiécles pendant lefquels ce cemetiere avoit
fervy aux payens, saint Trophime vint en cette ville, &
défirant que ce lieu fervît, à l'avenir, pour y enfevelir les chrè-
tiens, voulut le benir auparavant. Pour ce fuiet il pria les
evêques voifins de l'affifter dans cette ceremonie, & entre
autres Saint Maximin, evèque d'Aix, Saint Eutrôpe, evèque
d'Orange, Saint Saturnin, evèque de Tolofe, Saint Martial,
evèque de Limoges, Saint Serge, evèque de Narbonne, &
Saint Fronton evèque de Perigeux, qui avoient l'honneur
d'être tous fept des feptante deux Difciples de Nôtre Seigneur.
Et comme ces saints prelats fe furent portez en cet endroit
qui eft vers le Midy, où l'on voit encore une sainte chappelle
qu'ils confacrerent à la Mere de Dieu, pour benir ce lieu,
IESUS-CHRIST, à ce qu'on dit, parut au milieu d'eux
corporellement, & benit luy-même de fa main adorable, ce
cemetiere.

Ce miracle a été attefté par divers témoins oculaires de toute

forte d'âge & de condition. Sainte Marcelle, fervante de Sainte
Marthe, au premier & fecond livre qu'elle a compofé en Hebreu des actes de fa glorieufe maîtreffe, parle amplement de
miraculeufe benediction de Nôtre-Seigneur, & rapporte comme témoin oculaire tout ce que nous en venons de dire.

Il eft encore fait mention de cette benediction dans une
infcriptiõ antique qui eft à Bourdeaux dãs l'eglife de St. Se-
verin, qui eft dans un cemetiere hors de la ville. Ce cemetiere
étoit à peu-prés comme celuy d'Arles, où l'on voit encore
quelques tombeaux, mais le nôtre êtoit beaucoup plus grand
contenant autres fois prés d'un mille de circuit, & fe font les
deux cemetieres les plus renõmez de la chrêtienté, comme le
témoigne cette infcription rapportée dans les manufcrits de
Monfieur de Romieu en ces termes :

Hoc Cemeterium fuit Benedictum a Iesu Christo,
et habet aliud simile Arelate, et non sunt
nisi ista duo in toto Orbe Christiano.

Ce miracle eft rapporté affez au long dans une ancienne
lettre tirée des archives de l'archevêché d'Arles, & produite
par Monfieur de Saxj dans fon pontificat, page 247. Elle fût
envoyée par le seigneur Michael de Morefio archevêque d'Arles , l'an 1203. aux archevêques, evêques, abbez, & à tous
les autres ecclefiaftiques beneficiers de fa primatie, par laquelle ce prelat les exhorte de vouloir cõtribuer quelque chofe pour reparer l'eglife de Saint-Honnoré qui menaffoit ruine,
leur remontrant que ce saint lieu a l'honneur d'avoir été beni
par Nôtre-Seigneur, & de conferver les reliques d'une infinité de saints perfonnages, qui y ont été enfevelis.

Gervafius Tilberienfis, maréchal du royaume d'Arles, traite
auffi amplement de cette benediction de Nôtre-Seigneur touchant nôtre cemetiere, dans fon livre *de mirabilibus mundi*
qu'il avoit dedié à l'empereur Othon IV ; où il rapporte un
miracle arrivé à l'occafion de nôtre saint cemetiere, qu'il dit
avoir veû luy-même, à peu-prés en ces termes :

Quelques jeûnes matelots de Beaucaire ayant veu paffer

fur le Rhône la biere d'un mort, l'arrefterent pour prendre l'argent qu'on y avoit mis pour fatisfaire à fes funerailles ; mais il ne fût jamais en leur pouvoir de faire continuer fon chemin à la biere, quelques efforts qu'il fiffent pour la pouf-fer au fil de l'eau ; elle ne fit que tourner au même endroit, jufqu'à ce que le larcin êtât découvert, & les larrons fevere-ment punis, l'on n'eut pas plûtôt remis l'argent dans la biere, que prenant elle même le courant de l'eau, elle arriva heu-reufement au saint cemetiere (qui s'étendoit alors jufqu'au quartier de la Roquette) en préfence d'une multitude de per-fonnes qui donnerent mille benedictions au ciel d'un fi rare prodige.

ie conferve che-rement vne co-pie.

L'archevêque Turpin, qui accompagnoit Charles - Ma-gne, traite au lôg du St. Ce metiere d'Ar-les, dans fes chroniques.

Car il faut remarquer qu'outre la plufpart de ceux qui mou-rurent martyrs côbatant pour la foy dans la bataille que Charles-magne donna, en ces quartiers, contre les Sarrafins, & qui furent enfuite enterrez en ce lieu, dans des magnifiques tombeaux que ce grand empereur leur fit faire ; il eft certain que St. Throphime, St. Hilaire, St. Eonius, St. Virgile, St. Cefaire, St. Roland, qui furent les premiers metropolitains d'Arles, voulurent être enfevelis en ce cemetiere. Ce qui doit fans doûte le rendre l'objet de la veneration des fidelles.

Et pour dire icy (à l'occafion de tant de grands saints) quel-que chofe en paffant des autres illuftres saints perfonnages que cette ville a produits, fans parler de St. Florentin abbé, & de cinq abbeffes du monaftere royal de St-Cefaire , dont l'e-glife honnore la memoire, comme nous difions; n'eft-ce pas la ville d'Arles qui a donné la naiffance à un St. Genet, martir, dont nous parlerons dans la fuite, à une sainte Dorothée, vier-ge et martyre, à quatre religieux de l'Ordre de St. Domini-que, auffi martyrs, & à plufieurs autres saints, originaires de cette ville ?

Nous pouvons ajoûter à tous ces illuftres perfonnages le grãd docteur de l'eglife, St. Ambroife, à qui la ville d'Arles a l'avantage d'avoir encore donné la naiffance , comme il eft ayfé de le voir dans fa vie compofée par Paulin, fon intime ami. Cét hiftorien nous apprend que bien que Rome fût le pays de St. Ambroife, parce que fa famille en êtoit, neant-

moins il nâquit en France, dans le temps de la prefecture
de son pere, & dans son palais qui ètoit à Arles, où il fût élevé ètant encore dãs le berceau, lorsque ce grand magistrat
exerçoit cette dignité, comme les belles-paroles de Paulin le
marquent :

> *Posito in administratione præfecturæ galliarum*
> *Patre eius Ambrosio, natus est Ambrosius, qui infans,*
> *In* Area Prætorij *in cunabulis positus est, &c.*

Et si Paulin ne sait pas mention en cet endroit de la ville
d'Arles, c'est parce qu'il n'y avoit rien alors de plus connu,
& de plus celebre dans l'empire que le siége du pretoire établi dans Arles, par Constantin le Grand, comme vous l'allez
voir dans le chapitre suivant, qui sera comme une petite di-
gression.

✻✻✻✻✻✻✻✻✻✻✻✻✻✻✻✻✻✻✻✻✻✻✻✻✻✻✻✻✻✻✻✻✻✻

Chapitre IV.

Du veritable Siége du prefect du pretoire des Gaules établi
dans Arles par Constantin le Grand.

POur faire voir en peu de mots que l'empereur Constantin,
dans le nouvel établissement des quatre prefects du pretoire, choisit la ville d'Arles pour être le siége de celuy des
Gaules, il faut supposer deux choses tres-constantes dans l'histoire, la premiere que cette prefecture ètoit une des quatre
premieres charges de l'empire, & la faveur la plus grande &
la plus extraordinaire que ce prince pouvoit faire, en ce temps
là, à une ville ; & la seconde que cet empereur ayma la ville
d'Arles comme son ouvrage. Cette ville venoit d'être saccagée
par Chrocus, roy d'Allemagne, au rapport de Gregoire de
Tours, & de quelques autres historiens. Constantin, touché des
miseres presentes de cette ville, & voyant qu'elle meritoit d'ê-
tre le siége de l'empire, par sa situation, par sa grandeur &

Greg. Turon.
liv. 1. cap. 34.
Adon Marti-
rol. 21. Aug.
Sigibert.

par la cõmodité de fon port, qui étoit abordé alors par toutes les nations du monde, en fit reparer les murailles, il l'embellit de plufieurs édifices publics, il fit venir d'Egypte le fuperbe obelifque que nous y voyons aujourd'huy, comme nous le fairons voir dans la fuite, il y fit conftruire de thermes magnifiques, &, pour le dire en un mot, il voulut en être furnommé publiquement l'augufte reftaurateur, comme on le juftifie par cette belle infcription gravée fur le marbre qu'on voyoit autrefois dans l'eglife des Templiers de cette ville, en ces termes : *ron.anno.261. & 312.*

Elle eft rapportée par Monfieur de Saxi.

IMP. CAES. FLA.VAL. CONSTANTINO
P. F. AVG. RESTITVTORI.

Et pour luy témoigner une amitie plus particuliere, il l'appella la nouvelle Rome, voulant qu'elle portât fon propre nom & qu'elle fût nommée Conftantine , & c'eft ce qui eft juftifié par ces paroles tirées de la lettre écrite au pape Saint Leon par les prelats de France :

Hæc in tantum a gloriofiſſimæ memoriæ Conſtantino peculiariter honorata eſt, ut ab eius vocabulo, præter proprium nomen, quo Arelas vocitatur, Conſtantinæ nomen acceperit.

L'an 314. cet empereur y fit celebrer le premier Concile d'Arles, comme nous difions, & parfaitement perfuadé de la fidelité inviolable de cette ville pour fes princes legitimes, il ne voulut être gardé que par fes habitans. On le vit paroître au Concile fans foldat, & fans aucune garnifon au rapport d'Eufebe qui en parle comme témoin oculaire , ajoûtant que ce prince ne trouva pas la même fidelité dans l'Afrique, où il fallit à être affaffiné, pour avoir voulu abbandonner fa perfonne facrée, avec trop de confiance, à la garde des Africains. *Nicephori Calliſti Hiſt. Ecclef. Conſtantinus concilio plurimorum epiſcoporum coacto (Arelate in gallia) quaſi unus è multis ſatellitio amoto, univerſáque ſtipatorum turbâ ſepoſitâ. Euſeb. Pâphi liv. 1. vitæ Conſtant. & liv. 10. ad Chreſtũ ſyracuſanum.*

Le fejour que ce grand prince fit dans cette ville nous eft encore marqué par plufieurs loix qu'il y fit, & particulieremẽt par la loy : *Supplicare 2. C. ut lite pendente, data Arelat. id. Aug. Sabino & Ruffino coſſ.* & la loy *ex illo. C. de Appell. data Arelat.* Ce qui arriva felon la remarque de Godefroy l'an 316. qui fût la dixiéme année de fon empire, ayant commencé de regner l'an 306. Ce que je remarque à deſſein de faire voir que cet aymable prince, pour donner de nouvelles marques de ſa bienvaillance à la ville d'Arles, voulut s'y trouver cette année-là, qui eſtoit la dixiéme de ſon empire, pour celebrer dans Arles les jeux decennaux ; c'êtoit une fête qu'on celebroit dans tout l'empire avec beaucoup de magnificence, mais qu'on ſolemniſoit avec une ceremonie ſinguliere dans la ville que l'empereur honnoroit de ſa préſence. Et ces jours êtoient particulierement deſtinez pour dreſſer des ſtatuës, des colomnes & des obeliſques à la gloire du prince. Le Senat même faiſoit battre des medailles , où il marquoit les vœux que tout le monde faiſoit pour le ſalut du maître de la terre ; comme on le voit en tant de medailles ou l'on trouve *Vota* X c'eſt à dire *Decennalia,* conſervées dans les cabinets de nos curieux, & entre-autres dans celuy de Monſieur le conſeiller Terrin, & dans celuy de Monſieur Remuzat, comme on le verra dans la planche ſuivante.

L'an 317. & le 7. d'aouſt, ſelon la remarque de Zozime & d'Aurelius Victor, l'imperatrice Fauſta, legitime épouſe de Conſtantin le Grand, accouchà dans cette ville de Conſtantin le Jeûne, comme nous avons remarqué au commencement de cét ouvrage. Ce qui fait voir que cet invincible conquerant tenoit ſa cour dans Arles, avec toute ſa famille, & qu'il y demeura pluſieurs années, dans le deſſein d'y établir le ſiége de l'empire.

Ce fût alors qu'on vit battre dans cette ville des medailles d'or, d'argent, & de bronze, à la gloire de l'auguſte famille de ce grand empereur, comme les ſuivantes, qui ſont des monuments bien glorieux à cette illuſtre ville, le montrent.

La 1. eſt de l'imperatrice Helene, mere de Conſtantin ; au revers : *ſecuritas Rei-publicæ;* une femme debout qui tient un rameau d'ollivier à la main, & au bas : P. Ar. C'eſt à dire *percuſſum Arelate.*

La 2. eſt de Conſtantin le Grand, où cet empereur paroit armé d'un caſque. Au revers : *Victoriae laetae Princ. perp.* deux victoires qui ſoûtiennent un bouclier ſur un pied-d'eſtail : dans le bouclier on lit : Vot. P. R. & ſur le pied-d'eſtail X.

C'eft à dire : *vota populi romani decennalia,* au bas : P. Arl. C'eft à dire *percuſſum Arelate.* Où le comte Meſſabarba italien, & tous les autres antiquaires nous font remarquer que dans la fête des jeux decennaux qui ſe celebra en cette ville, cet empereur, pour en augmenter la magnificence, créa trois Ceſars, ſçavoir : ſon fils Criſpus, qu'il avoit eu de Minervine, Licinius ſon neveu, & Conſtantin le Jeûne, qu'il avoit eu de Fauſta.

La 3. c'eſt une autre du même Conſtantin. Au revers : *Soli invicto comiti;* un Appollon, debout, couronné de rayons, tenant un globe à la main. Au deſſous : P. Arl.

La 4. de l'imperatrice Fauſta, femme de ce prince. Au revers : *Spes Rei publicæ* une femme tenant deux enfans entre ſes bras. Au bas : S. Ar. *ſignatum Arelate.*

La 5. de Criſpus ; autour : *Criſpus nobilis Cæſar.* Au revers : *Cæſarum noſtrorum ;* au tour une couronne de laurier ; dedans : *vota decennalia.* Au bas : P. Arl.

La 6. eſt de Conſtantinus Iunior né en cette ville. Au revers : *Virtus Cæſarum ;* un camp pretorien, ſelon Levinus Hultius, ſelon Mr. Terrin, un fort. Au bas : S. Arl. *ſignatum Arelate.*

La 7. de Conſtans, ſecõd fils de Conſtantin le Grand. Au revers : *Felix temporum reparatio.* Une figure tenant de ſa main droite une victoire ſur un globe, & de la gauche le labarum. Cette figure eſt elevée ſur un navire conduit par une victoire. Au bas : S. Arl. La 8. de Conſtantius 3. Fils de Conſtantin. Au revers : *Felix temporum reparatio.* Un conquerant armé qui tient ſon ennemi abbatu par terre ; au deſſous : P. Arl. *Percuſſum Arelate.* Les 4. premieres qui ſont d ..oyen bronze ſont dans le cabinet de Mr. Terrin, la 5. & la 6. qui ſont d'argẽt, dans celuy de Monſieur Remuzat, & la 7. & la 8. auſſi de moyen bronze, ſont dans celuy du ſçavant Monſieur * Brunet, docteur en medecine. .

Toutes ces ſuites de faveurs extraordinaires ſont ſans doûte des preuves authẽtiques de l'auguſte bien-veillance de ce prince envers la ville d'Arles, & des témoignages évidens de ſon glorieux choix dans le nouvel établiſſement de la prefecture dont il eſt icy queſtion, pour conſoler en quelque ma-

*eſt preſt à dó-
ner au pub!ic,
comme ſur la
reſpiration,
ſur la circula-
tion du ſăg ,
ſur la nature
& les cauſes de
la fiévre, ſur
le rhume gene-
ral & populai-
re, ſur la na-
ture de l'ame
des brutes, ſur
la tranſpira-
tion , ſur la
nature des co-
mettes, &c.*

niere cette ville bien aymée, qu'il avoit êté obligé de quitter pour aller fortifier Conſtantinople contre l'irruption des barbares. La ſituation de cette ville qui ſe trouvoit au centre de la prefeĉture des Gaules, ſecondoit extremement l'inclination de ce ſage empereur; car le prefeĉt des Gaules ne comprenoit pas ſeulement les Gaules, dans leſquelles l'Allemagne êtoit incluſe, il avoit encore ſous luy l'Eſpagne , qui contenoit le Portugal & la province Tingitane de l'Afrique, & toute l'Angleterre. Comme nous l'apprenons de Zozime, *liv.* 2. & de Claudien qui décrit la prefeĉture des Gaules , dans le panegyrique de Mallius, conſul Romain , qui avoit exercé cette dignité :

.... *Hispana tibi, germanaque Thetys*

Paruit, & noſtro diduĉta Britannia mundo,

Diverſoque tuas coluerunt gurgite voces,

Lentus Arar, Rhodanuſque celer, & dives Iberus.

O quoties doluit Rhenus, quâ barbarus ibat,

Quod te non geminis frueretur judice ripis.

Liv. 52. *C.
Theod. de cur-
ſu publico* & *l.
10. C. Theod.
de divers. offic.*
& *l.* 7. *C. Theod
honor. Prefeĉt.*

Vnius fit cura viri, quodcumque rubeſcit,

Occaſu, quodcumque dies devexior ambit.

La dignité du prefeĉt ètoit ſi grande, qu'il tranchoit du ſouverain, ètant honnoré même dans les conſtitutions des empereurs de ces magnifiques titres : *Apex ſublimis præfeĉturæ; faſtigium ſummum; excellens eminentia ; miranda ſublimitas; illuſtris magnificentia, &c.* & d'autres expreſſions pompeuſes remarquées par l'excellent Pere Theophile Rainaud, dans ſon curieux & ſçavant traité du pays natal de ſaint Ambroiſe.

La ville d'Arles ſe vit en poſſeſſion d'un emploi ſi glorieux, pendant pluſieurs ſiécles, par la bonté de Conſtantin le Grand. Et c'eſt ce que nous pouvons confirmer, outre ce que nous venons de dire, par des raiſons particulieres, & même par des exemples également illuſtres & inconteſtables. La conſtitution des empereurs Honore & Theodoſe, dont nous parlions dans nôtre preface, nous fournit un témoignage éclatant ſur ce ſujet, ordonnant à Agricola, prefeĉt du pretoire établi dans cette ville, qu'on tiendroit dans Arles une aſſemblée des 7. provinces, comme nous diſions ; en voicy les propres termes :

primũ ut optimorum conventu fub illuftri præfentiâ præfectu-
ræ, faluberrima de fingulis rebus poffint effe concilia ; & au
bas de la lettre : *data XV. Kal. Mai. accepta Arelato X.*
Kal. Junias.

Scaliger, fi fameux par fes critiques, veut que cette lettre
d'Honore & de Theodofe foit de Conftantin le Tiran, difant
que ce fût cet ufurpateur de l'empire, qui transfera le fiége
de la prefecture du pretoire des Gaules, de la ville de Treves
à celle d'Arles, & que c'eft feulement depuis ce temps-là que
nôtre ville a joüi de cette dignité. Mais fi cela avoit la moindre apparence, pourquoy Theodofe, ayant vaincu ce Tiran
qui luy avoit enlevé l'empire, n'auroit-il pas remis à Treves
le fiége de cette prefecture que ce Tiran luy avoit ôté ? L'erreur de ce critique vient de ce qu'il fuppofe que cette confti-
tution, qui eft sãs contredit d'Hõnore & de Theodofe, · établit
le fiége de cette prefecture dans Arles, en quoy il fe trompe,
puis qu'il eft facile de voir, dans cette lettre, que ces deux princes n'ordonnent autre chofe à Agricola, déja établi dans cette
ville, que l'affemblée des fept provinces, qui fe devoit tenir
en préfence d'Agricola, cõme elle s'y étoit tenuë auparavant
fous Petronius, prefect du pretoire, comme il eft juftifié dans
la même lettre. Ainfi pure illufion ce que dit Scaliger. Nous
avons une autre preuve qui n'eft pas moins illuftre que la
precedente, fur le même fujet, dans la lettre des prelats de
France écrite au Pape St. Leon par ces paroles qui fuivent
celles que nous avons déja alleguées de cette même lettre :
Hanc clemẽtiffimæ recordationis, Valẽtinianus & Honorius
fideliffimi principes fpecialibus privilegijs, & ut verbo ipforum
utamur , matrimonium galliarum appellando decorarunt. In
hac vrbe quicumque intra gallias ex tẽpore · prædictorũ often-
tare voluit infignia dignitatis, confulatum cæpit, & dedit :
HANC SUBLIMISSIMA PRÆFECTURA, *hãc reliquæ poteftates ve-*
lut communem omnibus patriam femper inhabitant.

Ie fçay que Mr. de Launoy n'a rien oublié pour rendre cette
lettre fufpecte. Mais il faut être comme luy, un de ces efprits
remuants & audacieux qui femblent être nez pour changer le
monde, & avoir la derniere impudence, pour accufer de men-

Si enim vul-
gares Chriſtia-
ni a mendatio
a b h o r r e n t,
quanto magis
ab eo neceſſe
eſt averſum eſſe
epiſcopum, in-
ter quem &
probum virũ è
vulgo tantum
intereſſe debet,
quantũ inter
cœlũ & terram.
Iſidorus pelu-
ſi o t a l. 2.
Theoph. Rai.

ſonge, tant d'illuſtres Saints Peres aſſemblez, écrivant à un Pape auſſi éclairé que le fût le grand saint Leon. A ces raiſons on peut ajoûter les exemples de quelques autres prefeĉts du pretoire qui réſidoient dans Arles ; Gregoire de Tours nous fournit le premier, lors qu'il rapporte qu'Attila, roy des Huns, ſe preparant pour aſſieger Orleans, le peuple de cette ville-là deputa Anianus ſon evêque vers Aetius, prefeĉt du pretoire des Gaules, demeurant dans Arles, pour luy demander du ſecours.

Nous trouvons un autre prefeĉt auſſi établi en cette ville dans le panegyrique de St. Hŏnoré, compoſé par St. Hilaire ſon ſucceſſeur ; où il eſt marqué que St. Honnoré, êtant dangereuſemĕt malade, fût viſité par le prefeĉt du pretoire, & par les autres puiſſances qui demeuroient dans Arles, & qui leur fit une Ste. exhortatiŏ, en ayant pris le ſuiet ſur ſa mort prochaine : *Cŏfluĕtibus ad ſe poteſtatibus, præfeĉto & prætorijs viris quam ferventia ſub mortali jam corpore mandata deprompſit, ab ipſo exitu ſuo ſumens acerrimum exhortationis exordium.*

Greg. Turon.
liv. 2. cap. 7.
& 8. & Cabaſ-
ſut. not. eccl.

Il eſt fait mention d'un autre prefeĉt nommé Auxiliaris dans l'inſcription antique gravée ſur une colomne de marbre, devãt l'egliſe des R.R. P.P. Ieſuites, que nous avons rapportée. Et la chronique manuſcrite de Proſper, au rapport du Pere Theophile Raynaud, nous marque encore un autre prefeĉt du pretoire reſidant auſſi dans cette ville, en ces termes : *Hoc tempore 424. Exuperantius piĉlauus præfeĉlus prætorio galliarum in civitate cArelatenſi, militum ſeditione occiſus eſt, idque apud Joannem (Tyrannum) inultum fuit.*

Ce même Pere nous fait remarquer deux autres prefeĉts du pretoire auſſi établis en cette ville, l'un nommé Liberius, & l'autre Felix. Mais qu'eſt-il beſoin de plus de paroles pour prouver une verité ſi conſtante dans l'hiſtoire, & déja établie par des témoignages ſi authentiques ? La ſeule choſe qui nous reſte, c'eſt de faire voir qu'aprés que Conſtantin le Grand eut fait triompher la ville d'Arles ſur toutes les autres villes d'Occident, en la choiſiſſant pour être le ſiege du prefeĉt du pretoire dans les Gaules, qui êtoit ce qu'il y avoit de plus auguſte dans le monde, aprés le fiege imperial, cette même ville en reconnoiffance d'un fi grand bienfait, érigea à fon tour, à la gloire de ce magnifique empereur, un arc triomphãt qui êtoit proche la porte de Saint-Martin. Cet arc êtoit extremement grãd & élevé ; il êtoit orné d'une riche corniche, & d'une double frife : la plus haute êtoit d'ordre corinthien, où l'on remarquoit ces traits hardis de l'architecture, qui font des miracles de l'art, & qui donnent de l'émulation aux yeux fçavans ; & l'autre qui tenoit lieu d'architrave, êtoit dorique, d'un travail tres-délicat, ayant beaucoup de rapport aux ornemẽts du theâtre dont nous avons parlé. Il êtoit afforti de deux belles colomnes çanelées de châque côté, environ de deux pieds & demi de diametre, avec leurs bafes, & leurs chapiteaux, qui rendoient cet ouvrage fort magnifique. Les lettres avoient un demi pied de hauteur, dans des entailles fort profondes fur la frife. Et ces entailles êtoient pleines apparammẽt de quelque precieux matail, felon la coûtume des anciens, qui y avoient gravé en caracteres d'or, le nom & la dignité de Conftantin le Grand, par ces mots que nous y lifions, avant qu'il fût demoli :

Dedicavéront pro dedicaverunt, ou bien Pontifici maximo.

.... Constantino.. P. F.........,. Principi
.... ont..........................

De la maniere à peu prés que vous l'allez voir dãs cette planche que j'ay mife icy, pour conferver la memoire d'une fi belle antiquité, que nous venons de perdre, par la demolition entiere de ce merveilleux ouvrage.

Nous avons trouvé, ces jours paffez, une colomne haute de plus de 12. pieds, à la gloire immortelle de ce même prince fur laquelle cette belle infcription eft gravée :

A Trinque-taille tirant vers le lieu nommé la Ponche.

C'eſt à dire *Imperatori Cæſari, Fla-* *vio, Valerio, Conſtantino,* *Pio, Felici, Auguſto.*	Imp. caes. Fl. val. Constan tino. P. F. avg.
Et aprés l'intervalle de quatre lignes.	· ·

Les Romains ne donnoient
le mot de Diuus à leurs
empereurs, qu'aprés leur
mort, ce qui fait voir que
Conſtantius, pere de Conſ-
tantin le Grand, étoit déja
mort, lors qu'on erigea
cette colomne milliaire à
ſa gloire.
	D i v i C o n s t a n
	   tii avg.
	    pii
	Filio.

༺ ༺

Chapitre V.

Des autres Particularitez du saint cemetiere d'Arles ; & ſingulierement de l'Epitaphe de saint Trophime.

POur voir les choſes dont nous parliõs, & celles qui ſont encore a voir dans ce cemetiere, nous ſortîmes par la porte de Mercanou, ſur laquelle nous obſervâmes en paſſant une inſcription gravée ſur l'ardoiſe qui eſt bien glorieuſe à cette ville ; elle fait voir que la ville d'Arles a toûjours été dans ce juſte & genereux ſentiment, que rien n'étoit plus digne d'elle, que de ſacrifier pour les intereſts de l'eſtat & de la veritable religion, le plus pur, & le plus noble ſang de ſes habitans : ce qu'elle a témoigné non ſeulement dans toutes les guerres de ce regne triomphant, où elle a donné plus de deux cents offi ciers conſiderables qui ſe ſont ſignalez par leur valeur ; mais *Le curieux pourra voir deux ou trois inſcriptions, &* encore dans toutes les rebellions des Huguenots, qui, ayant employé le fer & le feu, pour la ranger de leur parti, n'ont jamais pû ébranler, ni fa foy pour le culte divin, ni fa fidelité pour le fervice de l'etat. C'eft de quoy l'infcription fuivante rendra un témoignage illuftre à la derniere pofterité, en ces termes :

Henrico III. Galliar. Poloniæque rege regnante, univer-
fâ galliâ inteftinis bellis in fua velut vifcera defæviente, hofti-
bus huic urbi ferro flammaque minitantibus, confules facræ
*religionis obfervantiffimi * Eypatrides quidem Jo. de Bochc,*
Lud. de Viguier, Politai vero, Io. Efpinaud, RI. Taule-
meffe, avertendi hoftilis impetus ergo, percuffâ foffâ, & exci-
fa rupe antemurali propugnaculi ad inftar de integro conf-
tructo ponteque verfatili portam forj novi præmunirj ærarij
fumptibus curarunt.

NON. MART. CIↃ· IↃ· XC.

De la, continuant nôtre chemin, nous trouvâmes les debris de l'ancien monaftere que saint Cefaire avoit fait bâtir la premiere fois. On y voit encore une partie de la voûte de l'eglife, & deux tombeaux enchaffez dans la muraille, l'un appartenant à Meffieurs de Romieu, & l'autre à Meffieurs de la Tour, comme leurs armes, que le temps femble avoir refpectées pendant plufieurs fiécles, le témoignent, à la gloire de ces deux illuftres familles dont la nobleffe eft des plus anciennes & des plus illuftres du royaume.

Ce premier monaftere, ayant été detruit par les Sarrafins, fut rebâti proche la porte de la Roquette ; mais ayant encore été demoli par ordre de Meffieurs les confuls à l'occafion de quelques guerres, la communauté leur fit relever le monaftere de St-Jean, où elles font à prefent. Ce qui fe juftifie par une tranfaction de l'an 1360. dans laquelle affiftoient Madame Catherine Pegaliere, abbeffe de ce monaftere, noble Imbert de La manon, & Jacques Gevarron, bourgeois confuls ; ètant témoins nobles Raymond de Caïs, chevalier de Saint Jean de Jerufalem, commandeur de Sainte-Luce, & Jacques de Caïs dont la famille s'eft confervée jufqu'aujourd'huy avec éclat dans cette ville, après avoir poffedé les premieres charges de cette province.

De St-Cefaire-le-Vieux (c'eft ainfi qu'on appelle ces debris)

quelques ftatuës antiques dans le jardin de Mr. le chanoine Roubaud.

* *Græc.*

Cette tranfaction eft rapportée par le Pere Porcher, en fon manuf-

crit *conſervé dans les archi/ves de la ville.* ayant fait quelques pas dans le cemetiere qui eſt tout couvert de tombeaux avec leurs inſcriptions, nous arrivâmes à l'egliſe de St-Honoré. Voicy ce que le voyageur curieux y pourra remarquer : 1. Au côté de la grande porte de l'egliſe un ſepulchre de marbre blanc avec ſon couvercle. C'eſt un des plus beaux que nous ayons : on voit en châque bout un ſphinx : ſur le derriere deux centaures combattant contre un lyon, &, ſur le devant, une urne entre deux griffons ; le tout en demi relief de très-bonne main, avec cette inſcription que nous y lumes tout autour :

> BENE PAUSANTI IN PACE FL. MEMORIO V. P. QUI MILIT. INTER IOVIANOS ANNOS XXVIII. PRO. DOM. ANN. I. PRAELANCIARIS SPEC....... PIS-ANN. III. COMES RIPE. AN. I. COM. MAURET. TING. ANN. IIII. VIX. AN. LXXV. PRAESIDIA CONIUNX MARITO DULCISSIMO.

Cette inſcription n'eſt ni de Beroald de Saxe, comte de Maurienne, comme on a crû juſqu'à Monſieur de Saxi, ni de Vivianus ou de Vezianus, neveu de Charle-Magne, comme l'a cru cet autheur ; en voicy la veritable interpretation. Elle eſt de Monſieur le conſeiller Terrin qui a voulu répandre icy ſes belles lumieres :

Bene pauſanti ſeu quieſcenti in pace : cela marque l'epitaphe d'un chrêtien. *Flavio memorio, viro præclaro, qui militavit inter iovianos* [*] *milites.*

Protector domeſticus an. VI. Protectores domeſtici, inclinante imperio, dicebantur qui corpus imperatoris protegebant, laterones prīcipis : en France garde du corps. *De quibus plura Ammianus, & Laʒius in Comment. reip. Rom. liv. 4. cap. 13. & qui illis imperabat vocabatur comes domeſticorum. De quo Caſſiod. Variar. l. 6. Prælanciaris ſpeculatorum principis. Erant ſpeculatores ſeu ſpiculatores militum genus in cuſtodiam corporis a principe aſcitorū cum lanceis. His memorius noſter præerat, vide Sueton. In Claudio, Cap. 35. & Galba,*

[*] *De Iovianis, Ammian. Marcellinus. l. 25. 26. 27. & 29.*
Hujus cognominis originē tradit Vegetius, De re militari, liv. 1. Cap. 17. eamque Diocletiano & Maximiano aſcribit qui ad Imperium venientes duarū legionum milites telis plūbatis

Cap. 18. Comes ripe, id eft dux limitis Imperij qui fluminis ripâ conftituebatur. Romani fcilicet in fluminũ ripis qui imperium terminabant caftra & monumenta conftruebãt eorumque duces comites ripæ dicebantur. Ita Laȝius liv. 1. cap. 2. Comes Mauretaniæ Tingitanæ; pro Mauritaniæ Tingitanæ in Africa. L'epoque du mot Iovianos & la qualité de chreftien de cet illuftre mort marquent que cette epitaphe eft d'aprés le regne de Diocletien & de Maximien, & apparemment plufieurs années dans le 4. fiecle. Car avant Conftantin le Grand, on n'ofoit pas mettre les noms des chrêtiens fur les tombeaux. Et il y a même lieu de croire que le tombeau eft beaucoup plus ancien que l'epitaphe, car les figures y font touchées d'un tres-bon gouft, & l'epitaphe eft d'un caractere qui n'a rien de la bonne antiquité, outre qu'elle eft ferrée, entre deux filés de l'ornement, & continuë avec interruption fur le champ, où fõt les figures. Au refte c'ètoit un homme d'un merite illuftre qui avoit fait fa fortune dans le fervice, & qui de fimple foldat f'ètoit élevé de degré en degré, jufqu'à la charge de gouverneur de la Mauritanie Tingitane.

2. On peut voir dans la partie anterieure de l'eglife les figures de 9. bachanales tres-antiques, qui font à main gauche en entrant, fçavoir fept en un endroit, & deux en un autre. Elles font comme en branle, felon leur maniere accoûtumée, décrite par les autheurs.

3. Dans l'eglife qui ètoit autrefois un grand corps de bâtimẽt que St. Virgile, archevêque d'Arles, avoit fait bâtir à l'honneur de St. Honoré, fon predeceffeur, qui en porte aujourd'huy le nom, nous remarquâmes devant le Maître Autel une double baluftrade de marbre, qui reprefente en bas reliefs divers mifteres tant du vieux que du nouveau Teftament.

4. Le curieux pourra fe faire montrer le fepulchre de St. Honoré, originaire * & archevêque d'Arles, ce tombeau fert d'autel au Maître Autel de cette eglife. Où l'on remarquera que les reliques de cet illuftre faint, ont efté transportées en deux diverfes fois : une partie à Toulon l'an 1353, comme il eft juftifié par le procez verbal reçeû par Maître Ruffi notaire de Toulõ ; et l'autre tranflaction fût faite à Lerins l'an 1391.

Marginal notes:

mittendis infignes, de fuo nomine Jovianos & Herculanæos appellaverunt. Dicebatur fcilicet Diocletianus Jovius & Maximianus, Herculius, eofque cunctis legionibus prætulerunt.

Métamorph. liv. 3. & 6.

* Selon la remarque de Baronius in annalibus eccle. Anno. 445. Nũ, 26.

comme il eſt marqué dans la chronologie du même monaſtere, compoſée par Vincens Barrali.

5. Ayant prié le Pere ſacriſtain de cette egliſe de nous faire voir les catacombes, il nous y conduiſit avec beaucoup de bõté, aprés avoir allumé quelques cierges pour nous y éclairer. Ce ſont des lieux ſoûterrains que les premiers chrêtiens avoiët creuſez, pour y celebrer, en ſecret, l'office divin, & même pour s'y cacher, pendant la perſecution des empereurs. Nous y trouvâmes un petit autel de pierre ſur lequel les premiers fidelles diſoient la Messe, & ſept ſepulchres antiques rangez les uns ſur les autres, d'un tres-beau marbre & d'un riche travail.

Le premier eſt celuy qu'on appelle de St. Genet, ſur lequel il y a pourtant une epitaphe payenne, ce qui fait voir qu'il avoit ètè fait pour quelque payen.

Le 2. eſt de saint Roland, archevêque d'Arles.

Le 3. eſt celuy qu'on appelle de saint Concorde avec ſon epitaphe, au deſſous de laquelle on voit deux colombes tenant dãs leurs becs des rameaux d'ollivier, &, entre deux, la figure du Labarum qui ſe trouve encore dans le tombeau de St. Eonius qui eſt le quatriéme. Cette figure eſt compoſée de deux lettres grecques du X & du P qui ſignifient Chriſtus. Ce qu'on appelle cõmunement le Labarum. Il n'eſt perſonne qui ne ſçache que Iɛsus-Chʀɪsт voulant faire triompher ſa sainte religion dãs le monde, ſe ſervit de Conſtantin le Grand, pour la faire monter ſur le trône. Ce prince avoit alors une cruelle guerre côtre Maxence, ou il ne s'agiſſoit pas moins que de l'empire de l'univers, & de la vie même.

Ce grand empereur en apprehendoit l'evenement ; lorſque le Fils de Dieu luy fit voir une croix au ciel, avec ces mots : *In hoc vinces.* Ce miracle eſt repreſenté au long ſur le tombeau dont nous parlons. Ce prince y paroit proſterné au bas d'une croix. On voit ſur le couvercle du même ſepulchre trois cartouches : dans le premier il y a la tête de Conſtantin, dans le ſecond, celle de Fauſta, ſa femme, & dans le troiſiéme la tête d'un jeune prince, qui peut être celle de Criſpus ou celle de Conſtantin le Jeune.

Et ce procez verbal eſt entre les mains du curieux & du ſçavant Monſieur du Faucher conſeiller du Roy et lieutenant particulier au ſiege d'Arles.

Erat enim littera P. in ipſo medio littera X, curioſè & ſubtiliter inſcrpta, quæ totũ Chriſti nomê perſpicuè ſignificavit. Euſeb. Pamp. Cap. XXII. Lib. 1. Vitæ. Conſtantini. Dixit ſe crucis ſignum ex lucis ſplendore figuratum in ipſo cœlo ſoli imminés aſpexiſſe in eoque inſcriptionem quæ hæc verba complectebatur : In hoc vinces. ibidẽ.

Mais ce qu'il y a de particulier en cecy, c'eft qu'on croit par une tres ancienne tradition que Conftantin eut cette vifion dans nôtre cemetiere, & ce qui le doit faire croire, c'eft que outre que le monograme de Conftantin eft reprefenté en plufieurs endroits de ce St. lieu, dans des marbres tres anciens, nous apprenons de Nicephore, en fon hiftoire Tripartite, que cette vifion parut à cet empereur l'an 315. puis que nous fçavons que ce prince étoit alors en cette ville, comme nous difions dans nôtre pretoire.

Le 5. tombeau eft celuy de Ste. Dorothée, vierge et martire, originaire d'Arles ; le 6. de St. Virgile, & le 7. de St. Hilaire, tous deux archevêques de cette ville. Ce dernier fepulchre avoit fervi aux payens devant que de fervir à ce St. Prelat ; comme on le peut connoître par des bas reliefs qui reprefentēt les principales divinitez des anciens, comme un Iupiter, un Neptune, une Diane, une Venus, châcune avec leurs hyeroglifes particuliers. On y voit encore les Parques ; ce qui fait croire que ce tombeau reprefente la vie humaine à qui les anciens croyoient que châque dieu contribuoit quelque chofe. Ce fepulchre eft tres-eftimé des connòiffeurs, à caufe de fa rare fculpture.

Ce qu'on trouve encore de fort fingulier dans ces catacombes, c'eft un tombeau qui eft au milieu des autres avec fon couvercle qui le ferme affez bien. On n'a jamais veû ce fepulchre fans eau, & il en eft prefque toûjours plein, fans qu'on puiffe fçavoir, au vray, la fource de cette eau.

Des catacombes, le Pere nous conduifit dans la chapelle de Nôtre-Dame de Grace. Cette chapelle eft bâtie fur les fondemens, & au même endroit de celle que St. Trophime avoit cõfacrée à l'honneur de la Sainte Vierge. On croit par une tres ancienne tradition que cette sainte chapelle fut dediée par St. Trophime à la Mere de Dieu encore vivante. Et l'on cõfirme cette tradition par une infcription antique gravée fur un marbre noir, qui a été tranfporté à Rome à la requifition du cardinal Barberin, au rapport de Mr. Bouche dans fon hiftoire de Provence, & des R. R. P. P. Minimes, qui font les gardiens de ce St. lieu, qui en augmentent tous les jours la devo-

Tom. 1. liv.
4. Cap. 4.

tion, par la fainteté de leur vie, & qui y ont fait bâtir un magnifique convent depuis l'an 1615. L'infcription êtoit en ces
mots :

*SACELLVM DEDICATVM DEIPARAE ADHVC
VIVENTI.*

Le curieux pourra jetter les yeux en ce même endroit, fur
une ftatuë de la Sainte Vierge de marbre tres-blanc, de la hauteur du naturel, & d'une beauté incõparable. Le tombeau de
St. Trophime fert d'autel à cette chapelle. Il eft de pierre commune, & fort fimple. Les Peres Minimes l'ont neantmoins in-
crufté, depuis quelques années, du devant d'un tombeau de
marbre blanc orné de trois belles figures, dont celle du milieu
reprefente Iefus-Chrift, qui, d'une main, prefente l'evangile à
Geminus Paulus gouverneur de neuf provinces, & de l'autre
il luy donne fa benediction.

Ce grand magiftrat y eft defigné par les deux figures qui sõt
de châque côté de celle de Nôtre-Seigneur, comme le marque
fon epitaphe qui eft au deffus de ce tombeau en ces termes :

VIR AGRIPINENSIS NOMINE GEMINUS HÎC JACET
QUI POST DIGNITATEM PRAESIDIATUS ADMINISTRA-
TOR RATIONVM QUI NOVEM PROVINCIARUM DIGNUS
EST HABITUS.

HÎC POST ANNOS. XXXIIX. M. II, DIES SEX FIDELIS IN
FATA CONCESSIT.

CUJUS INSIGNEM GLORIAM CIVES SERULCHRALIA
ADORNAVERUNT.

Le corps de St. Trophime, & un grand nombre d'autres
reliques tres-pretieufes, ont été confervées dans ce tombeau
pendant plufieurs fiecles, & jufqu'à l'année 1252 , que l'archevêque Raymond de Mont-Redon, accompagné des evêques d'Avignon, d'Orange, de Vaifon, de Marfeille, de Toulon, & d'autres, fes fuffragans, tranfporta, en grande ceremonie, dans fa sainte metropole, qui prit dés-lors le nom qu'elle
porte aujourd'huy de St. Trophime, n'ayant été appellée jufqu'à ce temps-là, que l'eglife de St. Eftienne qui en eft le ti-
tulaire.

Derriere le tombeau de cet incomparable apôtre des Gaules

& dans la facriftie on voit fon epitaphe fur une pierre de marbre antique, de cette forte :

EPITAPHIVM
DIVI TROPHIMI.

Trophimus hîc colitur Arelatis præful avitus
Gallia quem primum fenfit apoftolicum.
In hunc Ambrofium Proceres fudere nitorem,
Claviger ipfe Petrus, Paulus & egregius.
Omnis de cujus fufcepit gallia fonte,
Clara falutiferæ dogmata tunc fidei.
Hinc conftanter ovans cervicem gallia flectit,
Et matri dignum præbuit obfequium.
Infignisque cluens ingens cui gloria femper
Gaudet apoftolicas fe meruiffe vices.

Les lettres de cette epitaphe font romaines : mais pourtant affez diminuées, & même fort abregées ; & les C font quarrez en cette maniere [. Ce qui eft une preuve que cette infcription a été faite dans le quatriéme fiecle, où on a commencé de mêler ces [[quarrez, & gothiques parmi les caracteres romains. Car nous fçavons par les marbres antiques, & même par les medailles comme l'a remarqué Mr. Spon dans fes voyages, tom. 3. que dans le cinquiéme, & fixiéme fiecle , le gothifme fut entierement établi en ce païs.

Ces [[quarrez nous marquent l'époque de cette epitaphe qui eft le quatriéme fiecle, & nous font voir qu'on croyoit dans Arles, il y a plus de quatorze cents ans, ce que nous croyons aujourd'huy, touchant le temps de l'arrivée de St. Trophime, & que les fidelles de ce temps-là êtoient fortement perfuadez, auffi bien que nous, que cet incomparable Saint avoit été envoyé par St. Pierre même dans cette ville, pour y planter la foy, & pour la répandre enfuite de là fur toutes les Gaules ; conformement à la commune & tres-ancienne tradition, reçûë dans l'eglife. Et pour marquer plus particulierement le tems de cette arrivée , il en faut rapporter les deux opinions. La premiere eft du docte M. de Saxi dont nous avons fi fouvent parlé, qui avoit joint l'efprit & la vertu à la nobleffe de fa naiffance. Cet autheur met l'arrivée de St. Trophime en cette

Apud Arelatem Natalis Sancti Trophimi epifcopi & confefforis difcipuli apoftolorum Petri & Pauli. In Martyrol. Romano. 29. decemb.
Vberius in feftivitatibus Apoftolorum. Natalis Sancti Trophimi de quo fcribit apoftolus ad Thimotheum : Trophimum autem infirmum reliqui Mileti &c. Ita Bedæ Vfuardus, & Ado, & alij innumeri.

ville, en l'année 61. de Nôtre-Seigneur. L'autre opinion eſt du R. P. Melchior Fabre, exprovincial & definiteur de l'ordre des Minimes en cette province, tres-habile theologien, & mon intime ami ; ce pere prouve par pluſieurs raiſons que ſaint Trophime eſt venu en ces quartiers vers l'an 48. de N. S.

La premiere eſt parce que, ſuppoſant que la diſperſion des apôtres & des diſciples, par la perſecution d'Agripa, ſe fit en l'année 44. de N. S. comme c'eſt le commun ſentiment des hiſtoriens, quelle apparence, dit-il, que la Gaule, qui étoit ſi proche de Rome, ait demeuré 17. ans de recevoir la foy, puiſque St. Paul écrivant aux Romains, leurs rend témoignage que leur foy étoit annoncée dans tout le monde ?

Dans les annales manuſcrites de ſon convent. Druidarum religionem apud gallos diræ immanitatis & tantum civibus ſub Auguſto interdiďam , penitus abolevit. Sueton. cap. 25. In vitâ Claud.

2. Ce Pere apporte un paſſage de Suetonne par, lequel il ſemble que ſi St. Trophime n'eſt venu qu'en 61. il n'a pas pû prêcher contre un ſacrifice qui ſe faiſoit dans Arles, tous les premiers de may, de trois jeûnes hommes, comme nous le dirons dans la ſuite, parce que ce ſacrifice avoit deja été entierement aboli par l'empereur Claude qui étoit mort en 61. de N. S.

3. Il aioûte que ſi St. Trophime n'étoit venu qu'en 61. il n'auroit pas pû dedier la chapelle dont nous parlions à la Ste. Vierge encore vivante, parce qu'elle étoit déja morte en 61, quand même on ſuivroit l'opinion de ceux qui diſent qu'elle a vêcu 72. ans.

Ce proceʒ verbal eſt conſervé dans les archives de Nôtre - Dame de la Mer avec le ſeau du roy René. Voyeʒ le Pere Gueſnay dans ſes annales de Marſeille page 105. qui met l'arrivée de Saint Trophime en ce païs en 46. de N. S. Suetonne en la vie de Claude.

4. Il confirme cette opinion par le proceʒ verbal, qui fut fait à l'invention des reliques des Stes. Maries Jacobé & Salomé, où il eſt dit que le roy René y appella le clergé d'Arles, qui jura ſolemnellement, qu'en veuë de ce que St. Trophime avoit aſſiſté à la mort de ces Saintes, ils en avoient toûjours fait l'office. Et c'eſt ce qui étoit venu de ſiecle en ſiecle juſques à eux. Or la mort de ces Saintes arriva, ſelon la ſupputation des hiſtoriens, l'an 60. de N. S. donc il faut que St. Trophime ſoit plûtôt arrivé en cette ville qu'en 61.

Il repond à l'objećtion qu'on luy pourroit faire, que ſi Saint Trophime ſe trouve malade à Milet, ou à Malthe, l'an 56. de N. S. il y a apparence qu'ayant veu l'egliſe d'Arles aſſez affermie, ou pour quelque autre neceſſité, il étoit allé voir les apô-

tres pour les confulter, à l'imitation de St. Pierre qui fut obligé de fortir de Rome, par l'edit que l'empereur Claude fit de
faire fortir de cette capitale du monde tous les chrêtiens; car
Orofe nous apprend que faint Pierre en fortit en ce temps-
là, & qu'il alla celebrer le concile de Jerufalem pour les Lé-
gales. St. Trophime pouvoit avoir fait la même chofe, à l'é-
gard de la ville d'Arles.

Et aprés avoir veu avec beaucoup de fatisfaction quantité
d'infcriptions tumulaires Hebraiques, Grecques, & Latines &
même plufieurs gothiques, qui font dans le refte du cemetiere,
& que nous tâcherons de rapporter à la fin de cet ouvrage,
nous refolumes d'aller voir le grand aqueduc d'Arles fait par
les Romains, dont une partie paffoit par cet endroit.

Chapitre VI.

De l'ancien Aqueduc d'Arles fait par les Romains.

LEs Romains vouloient embellir la ville d'Arles de plufieurs
magnifiques fontaines, comme nous difons ; & ils ne pouvoient avoir les eaux neceffaires à ce deffein, que des montagnes des Baus, de Fons-vieille, & des autres voifines, qui font
diftantes de cette ville de plus de douze milles. Mais ce qui leur
êtoit un obftacle prefque invincible, c'êtoit un grand mareft
qui êtoit entre deux, & qui fe trouvoit extremement bas.

Les Romains neanmoins, à qui rien n'êtoit impoffible, fur-
monterent cette difficulté par le moyen d'un grand aqueduc,
où ils employerent des fommes prefque infinies, pour avoir le
fuccez qu'ils fouhaitoient, foit pour couper les montagnes,
foit pour bâtir des arcs, les uns fur les autres, avec un travail
qui furpaffoit de beaucoup celui du Pont du Gal, qui eft un
des plus hardis, & des plus merveilleux.

On voit une partie de ce canal dans la maifon de Monfieur
Boqui, bourgeois de cette ville, où il fe terminoit par un grand
refervoir dont une branche conduifoit l'eau dans l'amphithe-

âtre, & l'autre dans le refte de la ville, pour y diftribuer fes eaux. Nous remarquâmes un autre morceau entaillé dans le rocher, au moleyres, & quelques autres reftes au moulin à drap, qui eft au commencement de la Crau. Mais l'endroit où cet aqueduc paroit le plus, c'eft auprés du chateau nommé Barbegaud, & dans le chemin des Baus, où il fe partage en deux gros canaux pour mieux recueillir les eaux de ces collines. Et c'eft en ces endroits qu'on remarque plufieurs arcs antiques, qui foûtiennent ce canal, dont le nombre & la ftructure montrent vifiblement qu'il eftoit deftiné à quelque chofe de grand.

Vis-à-vis du moulin à vent de Mr. Lange, bourgeois de cette ville.

Au lieu de l'ancien aqueduc, l'on fe fert aujourd'huy d'une branche de la Durence, qu'un excellent ingenieur fit venir par fon induftrie dans le terroir de la Crau, l'an 1560. Ce canal eft d'une grande commodité à ce terroir, qui eft arroufé. Mais ce terroir contient des chofes trop fingulieres pour ne pas nous y arrêter un moment.

Cambdenus femble avoir trouvé la veritable etymologie de la Crau, difant dans fa defcription de la Grande Bretagne que Craig, langue Britanique qui étoit la même que la Celtique, fignifie Pierre, ainfi Craig ou Crau fignifie un champ pierreux.

Chapitre VII.

De la Crau d'Arles.

LA Crau eft un des principaux terroirs de la ville d'Arles. C'eft une vafte etenduë de terre toute remplie de cailloux, tant deffus que deffous. Elle eft fituée au côté du Midy, contenant plus de fept lieuës provençales de diametre. On eft en peine de fçavoir fi ces cailloux ont été produits de la terre ou autrement. Petrarque, fuivant le fentiment de quelques anciens, & particulieremēt de Strabon, dit avec eux que ces cailloux font tombez du ciel, comme une pluye, qui arriva lorfque Hercule combatant côtre les geants qui êtoient dans cette plaine, les armes venant à luy manquer, il invoqua Iupiter fon pere, qui fit pleuvoir une graîle de cailloux fur fes ennemis. Et c'eft ce que Efchilus confirme par ces deux vers :

Iupiter Alcidem quando refpexit inermem,
Illachrymans, Ligures faxofo perpluit imbre.

Mais Poffidonius, renvoyant cette fable avec celles d'Æfo-
pe, dit que cette grande plaine étoit anciennemẽt un lac qui
avoit laiffé un gravier, dont les petites pierres ont crú, par
fucceffion de temps, comme nous les voyons auiourd'huy. Ariftote les atribue aux tremblemẽs de terre, difant que les lieux
qui y fõt fuiets, abondent ainfi en cailloux, parce que ces endroits, dit-il, renferment beaucoup des efprits fulfureux, qui,
étant allumez par les feux foûterrains, ou par quelque autre
caufe étrangere, ebranlent la terre, & font venir au deffus par
des frequentes fecouffes, à la maniere d'un crible qu'on tour-
ne, les parties les plus grofles. On peut ajoûter que ces efprits fulfureux & vitrioléz, avec l'ayde d'un fel coagulatif reconnu de tous les chimiftes, s'incorporent avec ces petits corps,
fe changent en limon & en une maffe molle, qui, étant en fuite
congelée, & infenfiblement durcie, prennent la confiftance & la
fermeté des cailloux, dont ce terroir eft couvert. Mais ce qui
eft merveilleux en cecy, c'eft que parmi ces cailloux il y croît
une herbe & des paturages excellens pour nourrir une tres-
grãde quantité de bétail.

Ce terroir produit encore de fort bons grains, en plufieurs
endroits, & particulierement les meilleurs vins de toute la cõ-
trée, qu'on appelle communement vins de Crau, qui font fort
piquants & clairés, & tres-eftimez pour leur delicateffe. De
plus il y croît une plante qui porte le vermillon, duquel on fait
la plus fine teinture d'écarlate. C'eft une petite graine rouge
de la groffeur d'un pois qu'on trouve parmi les menus bois
de la guarrigue, au mois de may, qui s'eft venduë autrefois
un écu la livre, & qui a rendu, en une feule recolte, iufqu'à
onze mille écus, au rapport de l'illuftre Pierre de Quiqueran
de Beauieu, dans fon curieux livre de *Laudibus Provinciæ.*
Ce qui eft une petite recolte pour les pauvres gents, qui la vont
cueillir, aprés que Mr. d'Arlatan, seigneur de Beaumond, gentil-homme de cette ville, en a donné la permiffion à fon de
trompe, fuivant un ancien privilege que le roy René a accordé
à fa famille. Ce privilege paroit dans un compte que les Cla-
vaires de la ville d'Arles, en 1470. rendent aux maîtres ra-
tionaux de cette province, dans lequel on lit on lit ces mots :

*In liv. 2.
Meteor. cap. 7.*

*Loquutum
Ariftote!em de
Campis nof-
tris, Strabo ip-
fe liv. 4.
Æfchilus ,
Pomponius ,
Florus in bello
liguftico & Pli-
nius liv. 3.
Nat. Hift. cap.
5. Dum reci-
tant Are!atê-
fes falios dic-
tos & ligures.*

*Ce droit a été
confirmé à ces
Meffieurs par
deux fentences
du fiége d'Ar-
les l'une du 31.
aouft 1561.
entre Antoine
d'Arlatan Sr.
de Beaumont &
que ques mar-
chands, & i'au-
tre du 2. may
1613. entre
Robert d'Arla-
tan auffi fieur
de Beaumont,
& Pierre Pau-
zi marchãd. Et
toutes deux dé-
fendent à ces*

marchâds de ne plus acheter du vermillon sâs la permiſ- ſion dudit ſieur d'Arlatan ; & ſâs luy en payer un de- nier coronat pour livre qui eſt douze ſols pour quintal.

Item de jure granæ vermilloni non computat, quia datum eſt & remiſſum nobili Ioanni Arlatan per regiam excellentiam.

Mais le plus conſiderable terroir de la ville d'Arles, c'eſt la Camargue, dont nous dirons un mot aprés que nous aurons veu ce qu'il y a de curieux à Trinquetaille, qui eſt le lieu par où il faut paſſer pour aller dans la Camargue.

CHAPITRE VIII.

De Trinquetaille, seigneurie appartenant à la communauté de la ville d'Arles.

TRinquetaille eſt l'autre partie de la ville d'Arles, qui eſt ſur l'autre bord du Rhône. Cette partie êtoit autrefois con- ſiderable, étant à bien prés la moitie de la ville d'Arles, com- me on le voit par les ruines des tours & des murailles qui étoiét d'un grand circuit, parmi leſquelles on déterre tous les jours des grands quartiers de pierre, des medailles antiques, des urnes, des pavez à la moſaique ; et comme dit Auſonne , *De claris urbibus :*

Le mot de Trinquetaille ſignifie fran- chiſe ; parce qu'en langage commū du païs, tronquer ſignifie coupa & rôpre, & partant Trin- quetaille, c'eſt- à-dire, ôter les tailles & les impoſts.

> *Pande duplex Arelate tuos blanda hoſpita portus.*

Et en un autre endroit

> *Duplicemque per vrbem,*
> *Qui meat, & dextræ rhodanus dat nomine ripæ.*

Aprés avoir veu quelques inſcriptions antiques qui ſont dãs l'egliſe de St. Pierre, nous nous avançames juſqu'à la Ponche, qui eſt un angle aigu, qui ſe forme à l'occaſion du Rhône qui en cet endroit ſe diviſe en deux branches, pour voir de là quelques tombeaux antiques avec leurs epitaphes qui ſont ſur le rivage. On peut conſiderer de ce même lieu les debris de l'ancien Pont, ſi renommé dans les plus celebres autheurs. Ce ſont quatre reſtes de groſſes murailles qu'on voit deçà & delà la riviere ; ces murailles faiſoient comme deux avance- ments, & comme une eſpece de triangle de châque côté, qui alloient joindre, bien avant dans le Rhône, quatre ou cinq bat-

teaux couverts de planches de bois. Ce qui fait voir qu'il falloit que ce Pont fût partie de pierre, & partie de bois. Paulin
l'appelle *mollem pontem,* que le pere Theophile explique *mo-
bilem,* un Pont levis de tres-facile tranfport, à caufe qu'il n'y
avoit peut-être que quatre ou cinq batteaux, au lieu qu'il y
en a douze dans celuy que nous y voyons auiourd'huy :

> *Præcipitem Rhodanum, molli quem Ponte fubegit,*
>
> *Et junxit geminas, connexo tramite, ripas, &c.* Dit Pau-

lin. Aufonne le nomme le Pont à batteaux.

> *Præcipitis Rhodani fic intercifa fluentis,*
>
> *Vt mediam facias navali Ponte plateam.*

Caffiodore en parle encore, l'appellant : *Pontem tabulatum &c.*
De la Ponche nous allâmes vifiter la chappelle de St-Genet
martyr, originaire d'Arles, dont la devotion a été renouvellée,
ces dernieres années, par une infinité de miracles que cet illuftre St. fait tous les jours, en faveur de fes chers compatriotes.
Prudence en a parlé avec éloge :

> *Teque præpollens Arelas habebit,*
>
> *Sancte Genefi.*

Auffi bien que le poëte Fortunat.

> *Porrigit ipfa docens Arelas pia dona Geneft.*

Ce qui nous arréta quelque temps pres de cette chappelle,
c'eft la figure antique d'un sphinx de marbre, qui eft enchaf-
fée dans la muraille de cette eglife, & qui merite la curiofité
du voyageur.

Paulinus lib. 6. de vitâ Sti Martini.

Aufon. De clar Vrbib.

Caffiod. Variarum lib. 8. epift. 10. Ce Pont rompit l'an 428. le 25. d'aouft.

Arelate in Galliâ, beati Genefij qui exceptoris officio fungens cum impia edicta quibus Chriftiani puniri jubebantur nollet accipere, & projectis in publicum tabulis, fe Chriftianum effe teftaretur, comprehenfus atque de collatus, martyrii gloriam proprio cruore baptizatus accepit. In martyrol. Rom. Ita Beda Vfuard. & Ado.

Chapitre IX.

De la Camargue, principal terroir de la ville d'Arles.

LA Camargue eft une Ifle triangulaire d'environ fept lieües
provençales de longueur, & autant de largeur, enfermée
par les deux branches du Rhône, & par la Mer. Quelques-uns
tirent fon nom de Caius Marius qui, faifant la guerre contre les
Cimbres, fit camper fon armée, pendant un quarteir d'hyvert,

dans cette Ifle, dans laquelle il fit creufer le petit Rhône qu'ils appellent *Foffa Mariana ;* & la Camargue, *Caftra Mariana.*
Quelques autres prennent ce mot du Grec *Cameygon* qui fignifie ouvrage ou labourage de terre, parce que cette Ifle a été de tout temps fort cultivée, à caufe de fa fertilité. Gervafius veut que *Camarchia* foit la même chofe que *Cara, Marchia* c'eft à dire : *Pretiofa,* une terre prétieufe & chere. Mais quoy qu'il en foit de toutes ces etymologies, il eft certain que cette terre eft tres-abondante en fels, en vins, en paturages, & particulierement en bleds tres-délicats. Et ce font fes grains excellens qui firent appeller cette ville la Mere nourriffiere des provinces voifines, & comme nous avons remarqué ailleurs : *Theline Grecorum, Mamillaria Romanorum.*

Elle nourrit plus de quatre mille juments, plus de feize mille taureaux ; & un nombre prefque infini de menu betail.

On voit encore dans cette Ifle plufieurs etangs, ou l'on préd quantité de bons poiffons. Elle renferme auffi de grandes forets ou l'on trouve abondamment toute forte de gibiers tresexquis; enfin rien n'y manque de tout ce qui eft neceffaire & même delicieux à la vie. Cette Ifle eft auiourd'huy peuplée de plus de deux cents metairies, qu'on appelle, en ce païs, des Mas, qui font de grand prix, bien que ces dernieres années, on n'y ait eu que des recoltes fort mediocres, ou par trop d'humidité, ou par trop de fechereffe.

Au retour de Trinquetaille, nous paffames fur le quay, & delà au quartier de la Roquette. C'étoit le lieu ou l'on faifoit anciennement le celebre facrifice de fang humain dont nous allons parler.

❁❁❁❁❁❁❁❁❁❁

CHAPITRE X.

Du facrifice des trois jeûnes hommes qu'on faifoit autrefois dans cette ville, au quartier de la Roquette.

GErvafius Tilberienfis, & aprés luy Gaguin, Belle Foreft & Mr. de Saxi, rapportent qu'il y avoit autrefois en cette ville, au quartier de la Roquette, une place dans laquelle il y avoit un autel élevé fur deux colomnes, d'ou cet autheur a pris occafion de tirer l'etymologie d'Arles difant : *Arelate quafi Arelata,* fur lequel on faifoit un facrifice tous les premiers de may, de trois jeunes hommes, qu'on engraiffoit pendant l'année, aux dépens du public, & qu'on égorgeoit en fuite fur cet autel, en prefence d'une grande multitude de perfonnes qui y venoient de toutes parts, croyant que le fang de ces victimes duquel on afperfoit l'affemblée, fervoit à l'expiation de leurs pechez. Il aioute que ce facrifice barbare fut aboli par St. Trophime, premier evèque de cette ville, & l'un des feptante-deux difciples de Nôtre-Seigneur, & que cet incomparable apôtre des Gaules ayant prêché le premier au peuple d'Arles, les mifteres de nôtre sainte religion, luy enfeigna que le feul fang de Iefus-Chrift effaçoit les pechez des hommes.

Cet autheur ne parle point veritablement de la divinité à laquelle on facrifioit ces trois jeunes hommes; mais la traditiõ la plus ancienne, & la plus reçeüe dans Arles, nous apprend que c'étoit à Diane, dont le culte êtoit tres-celebre en cette ville, où cette deeffe avoit fans doute plufieurs temples dediez à fon honneur, & entre autres un à l'endroit que nous avons marqué prés du theatre, & l'autre en ce quartier de la Roquette. Et c'eft ce qu'on peut coniecturer par quantité des vieilles mafures, & par plufieurs colomnes de granite qu'on a trouvées, quand on creufoit le moulin à eau qui eft en cet endroit, & particulierement par nôtre fuperbe obelifque qui en fut tiré. Cet augufte monument, felon la remarque de Monfieur Terrin, fut élevé auprés de ce fameux autel de Diane, ou pour fatisfaire, en un même lieu, au culte du Frere & de la Sœur ; ou parce que les anciens avoient coûtume de mettre enfemble, les autels, & les pyramides, dont l'obelifque eft une efpece.

Votaque pyramidum celfas foluuntur ad Aras.

I'ay voulu mettre icy la planche du nôtre, & y rapporter les infcriptions qu'on y a gravées, tant pour honnorer l'antiquité de ce lieu, que pour finir l'année de ce confulat, pacce

erant, & fuper eas Ara impofita ubi quot annis ad Kal. maii. frequés undique populus humanas hoftias pro fua fofpitate mactare confuererat. Itaque tres iuvenes peccuniâ•publicâ emptos anno toto faginabát; quos conftitutâ die ad ipfam Aram immolabant, victimarum ságuine circonftantem populum afpergétes. Quem ritum divus Trophimus ex Septuaginta duobus difcipulis unus in illam civitatem ex Judæa miffus fuftulit, docens non cruore hominum, fed Chrifti fanguine il os debere afpergi. Gervafius loco cit. & Gaguin en la vie de Charles-Quint. Dans les fçavantes differtations fur la Venus & fur l'Obelifque d'Arles.

Lucain. I.

qui pouvoit être le plus agréable à Meſſieurs nos illuſtres magiſtrats, qui eſt l'éloge de nôtre invincible monarque, ce que ie
fairay aprés que i'auray expliqué quelques caraĉteres hebraiques fort curieux qui ſont gravez ſur les fauſſes brayes des
murailles de cette ville.

CHAPITRE XI.

*De l'interpretation de quelques caraĉteres hebraiques
qui ſont ſur la muraille du jeu de Mail.*

La Sinago-
gue étoit en
l'endroit qu'on
appelle auiour-
d'huy l'Herbo-
lerie, & la Iui-
ferie dans la
rue qu'on nom-
me Carriere
neuve, ou l'on
en voit encore
quelques reſtes.
Les Iuifs
payoient à la
ville d'Arles
200 florins
d'or, valants
ſeiʒe ſols. &
60. livres poi-
vre, pour tri-
but annuel com-
me il appert
des vieux ſta-
tuts d'Arles.

LEs Iuifs furent chaſſez d'Arles cõme du reſte de la Provêce
ſoûs le regne de Charles 8. en 1493. Ce fut alors que la
ſinagogue, & l'echole celebre qu'ils avoïët dans cette ville, ayant
été demolies, les principales ruines furent portées hors de nos
murailles, pour ſervir à reparer une partie de nos fauſſes brayes.
Ce ſont des groſſes pierres du moleyres, qu'on voit du foſſé
de Mercanou, ſur la muraille du jeu de Mail, ſur laquelle
nous obſervâmes pluſieurs caraĉteres Hebraiques fort nets. Ie
les rapporte neantmoins en caraĉteres Latins, faute d'Hebraiques, comme i'ay fait de nos caraĉteres Grecs. Nôtre curieux
etrãger fut ravi de voir ces prétieux reſtes de l'antiquité ; mais
il le fut bien davantage quand ie luy dis que ie les avois fait
copier, & que i'avois pris ſoin de les envoyer aux Rabbins
d'Avignon, & de l'Iſle, & même aux R. R. P. P. Minimes,
qui expliquent publiquement le texte Hebreu aux Iuifs du
Comtat Venaiſſin, pour en avoir tout l'éclairciſſement poſſible.

Ces Meſſieurs ne ſont pas d'accord en tout : mais ils conviennent tous du temps, & de l'epoque que ces caraĉteres
marquët, qui eſt cent ſoixante trois ans devant Ieſus-Chriſt ,
ſelon la chronologie des Iuifs, qu'il faut ſuivre en cette occa-
ſiõ. Le Rabbin d'Avignon les a expliquez en cette maniere :

Chodesch. Elvl. Chamescheth. Lamech. Vav.
Nislamv. Bedikoth. Schadai.   C'est à dire :

Au mois d'aoust cinq mille trente six, ont été accomplies les
visitations du Dieu tout-puissant. Il a repondu ensuite que les
lettres suivantes marquoient que les differentes pierres sur les-
quelles elles sont gravées, étoient le tombeau d'un fameux
Rabbin appellé Salomon, surnommé le petit fils de David, &
Saint Beni de luy.
Matsav Schelomon Katan. Ben.
David Vehakadosch. Barvch. Hv.

Le R. P. Charles Sauvat, religieux Minime, est de ce senti-
ment. C'est l'illustre predicateur qui explique le sacré texte
Hebreu aux Iuifs d'Avignon, & qui remplit la place du R. P.
Riper, aussi Minime, que nous avons aussi consulté.

Cette interpretation est confirmée par celle de Mr. l'abbé
Perachon. C'est un jeune ecclesiastique qui ioint aux belles lumieres qu'il a dans la theologie, & dans l'Ecriture Sainte, la
connoissance de la langue Hebraique , où il s'applique depuis quelques années.

Il consent avec le Rabbin d'Avignon sur ces caracteres :
Elvl. Mais il ne demeura pas d'accord avec luy sur le mot :
Chodesch; il l'explique par : Tom. en y aioutant un vav.
Parce que le mem que ce Rabbin veut être un Schin est si
bien formé, qu'on ne peut en douter; ainsi il en fait le mot :
Vetom. si bien qu'aiustant tous ces caracteres, il les explique
de cette maniere.
Elvl chamescheth Lamech vav
Nischlamovvetom Bedikoth shadai.

C'est à dire au mois d'aoust cinq mille trente six, ont été accomplies & finies les visitations du Dieu tout-puissant. Il ne
convient pas encore en tout avec ce Rabbin pour les caracteres
qui restent; il veut bien le mot : matsav, mais il reiette les
points que ce Rabbin aioute : ainsi sous le mem il met un Ca-
mets, & sous le tsade un Patach, &, aioutant tous les autres

caracteres, il en fait ce fens parfait : Matsav schelomon katan ben David. Vehakadosch Barvchmim menov. C'eft à dire
le petit fils de David, & le St. Beni de luy.

Par où vous voyez que tous ces caracteres font des abbre-
vations, & que cette explication n'eft pas beaucoup differente
de celle du Rabbin d'Avignon, & de celle du Reverend Pere
Sauvat. Ces Meffieurs nous font encore obferver que l'on en-
tend par le mot de vifitatiõ, la pefte, ou la famine, ou quelque autre femblable fleau, dont Dieu fe fervoit pour affliger
fon peuple, & le retirer de l'idolatrie ; car ce mot : de vifiter,
qui eft fort ordinaire dans la Sainte Ecriture, y eft prefque
toûiours interpreté pour punir & affliger. D'où il faut con-
clurre que cette affliction ceffa, felon la chronologie des Juifs,
qui content cinq mille, cent, foixante dix-neuf ans, de puis la
création du monde, iufqu'à la naiffance de Iefus-Chrift ; l'an
cinq mille trente fix, ce qui revient à cent foixante trois ans
devant la venuë de I.-C.

Exod. 20.
Levit 18. 29.
Num. 14. 18.
&c.

Chapitre XII.

Des Infcriptions gravées fur l'obelifque d'Arles à la gloire
de Loüis le Grand.

L A fin du Confulat qui nous preffe, ne me permet pas de
rapporter icy les differentes opinions que nos fçavans ont
eües fur le nom de ce monument. Ie referve encore en une
autre occafion de faire voir que Conftantin le Grand eft l'autheur de nôtre obelifque, & non pas Côftãtinus fon fils, côme
le veut le R. P. Pagé, ie laiffe tout cela pour finir cette feconde partie par les infcriptions gravées fur nôtre obelifque,
à la gloire du roy. Elles font du fameux Mr. Peliffon, hifto-
riographe de fa Maiefté.

LVDOVICO MAGNO

OMNES OMNIVM ANTE SE PRINCIPVM VIRTVTES AMPLEXO,

IMPERATORI INVICTISSIMO,

LEGISLATORI SAPIENTISSIMO,

ÆQVISSIMO IVDICI,

CLEMENTISSIMO DOMINO,

BENEFACTORI AMPLISSIMO,

PATRI POPVLORUM OPTIMO,

VERE REGI

S. P. Q. A.

OLIM SOLI SACRVM.
GENTIVM DEO;

NVNC FELICIORIBVS AVSPICIIS,

LVDOVICO MAGNO,

SPLENDORE AC SVBLIMITATE FORTVNÆ,

INGENII LVMINE, PERSPICACITATE,
VI, CELERITATE,

MENTIS MAGNITVDINE, AC BENEFICENTIA,

VERO ORBIS GALLICI SOLI,

NEC PLVRIBVS IMPARI :

QVI NEC ERRAT, NEC CESSAT,

QVIETO SIMILIS,

PROQVE EIVS INCOLVMITATE, ATQVE SALVTE,

IN QVA SALVS PVBLICA VERSATVR.
DEO OPTIMO MAXIMO,

DICAT, VOVET, CONSECRAT.

S. P. Q. A.

45 Ce monument fut erigé l'an de grace 1676 par Meſſieurs François de Boche, Maurice Romany, Antoine Agard, Jean Maure. conſuls. Et l'année ſuivante étāt elevé il reçut l'ēbelliſſement que nous y voyōs, par les ſoins, de Meſſieurs Pierre de Sabatier de l'Armeilliere, Pierre Deloſte, Claude Beuf, Gerard Beuf leurs ſucceſſeurs. Enfin il fut gravé & preſenté à ſa Maieſté, ſoûs le Cōſulat de Meſſieurs

III

Pierre de Chateau-neuf de Molleges Honnoré Gros de Bouffi-caud Jacques Bo-rel, & Iean Alivon.

LVDOVICO MAGNO

Ad Æternitatem Gallici nominis nato
SEMPER VICTORI,
SEMPER PACIFICO,
stvdiorvm, artivm, virtvtvm omnivm,
PARENTI MITISSIMO, ET LIBERALISSIMO;
eivsqve ivsticiæ, pietati, providentiæ,
MVNIFICENTIÆ.
S. P. Q. A.

IIII

LVDOVICO MAGNO,

Qvod labefactam rempvblicam,
RESTITVERIT,
AVTHORITATEM REGIBVS, VIM LEGIBVS,
Rebvs ordinem,
REDDIDERIT:
Impiam singvlarivm certaminvm rabiem

EXTINXERIT;

TERRA, MARIQVE IN IMMENSVM,
Francorvm vires, commercia, imperivm
AVXERIT, PROPAGAVERIT;
GENTES FOEDERATAS ARMIS,
Ipsam invidiam gloria,
VICERIT.
S. P. Q. A.

AIS quelques juftes & pompeux que foient ces titres d'honneur, ils font infiniment audeſſous du merite d'un fi grand Roy, & des fentimens de reſpect & d'amour dont le peuple d'Arles, & celuy du refte de cette province, font vivement penetrez pour le fervice de Sa Maiefté. Cette ville en a affés donné des marques éclatantes dans le noble ufage qu'elle a fait de fon fuperbe obelifque, & dans mille autres occaſions, mais particulierement dans l'allegreſſe publique qu'elle vient de témoigner pour la convaléſcence d'un fi bon Maître, par des folemnelles actions de graces, par des feux de joye, par des illuminations, & par tout ce qu'on peut imaginer d'agréable, pour marquer une joye toute extraordinaire. On a fait la même chofe dans la capitale de cette province, dans laquelle on va eriger en bronze, d'une maniere pompeufe, la riche ftatuë equeftre de cet invincible conquerant, qui fera un monument digne de l'admiratiõ de touts les fiecles futurs.

Mais pendant que les plumes les plus delicates de ce royaume font occupées a travailler aux infcriptions qu'on doit graver fur le pied-d'eftail de cet augufte monument, oferay-je produire icy la fuivante, & même l'addreſſer, dans cet ouvrage des Antiquitez d'Arles, à Meſſieurs les confuls d'Aix, & procureurs du païs ? l'illuftre alliance que ces deux villes ont toûiours euë enfemble, me fait efperer qu'on verra icy, avec plaifir, ce foible crayon des éloges de L O U I S L E G R A N D ; d'autant mieux que la ville d'Arles a beaucoup de part, cette année, au confulat de la capitale de cette province, en la perfonne de Monfieur Jean de Meyran Laceta, feigneur de Nans, baron de Lagoy. Châcun fçait que c'eft un gentil-hõme d'un merite rare. Et cette province fera heureufement forcée d'advoüer qu'elle n'a pas de quoy payer le prix du riche prefent qu'elle reçoit de nôtre chere patrie, dans cet illuftre magiftrat.

LVDOVICO XIV

BELLO ET PACE, VEREMAGNO,
RELIGIONE MAJORI.
QVI, LÆTISSIMA UTENS FORTUNA, PACIS MEMOR,
INNVMERIS NATIONIBVS DOMITIS,
RARO MODERATIONIS EXEMPLO, SVI VICTORIA
VICTORIARVM CVRSVM COMPRESSIT.
ORBEM CHRISTIANVM PACAVIT.
HÆRESIM ARMIS INEXPVGNABILEM, PIETATE DELEVIT,
ALTARIA RESTITUIT.
RELIGIONEM SVAMQUE GLORIAM, MVNIFICENTIA, LABORE,
AVXIT, ASSERVIT.
CVIVS VT TOT MIRABILIA GESTA POSTERIS TRADERET,
ET QVASI PRÆSENS EIVS NVMEN HABERET PROVINCIA,
IN HOC MAGNIFICO FORO,
ÆTERNVM AMORIS MONVMENTVM,
STATVAM EQVESTREM,
DEDICAVIT.

AQV. PATRIÆ COSS. NEC NON PROVINCIÆ
PROCVRATORIBVS NOBILISS. D.D.D.D. JOANNE DE MEYRAN, LAÇETA D. DENANS, BARONE DE LAGOY. PETRO AZAN ASSESSORE, ET IN SVPREMA AQVENSI CVRIA CAVSIDICO. BRVNONE D'ESTIENNE, D. DV BOVRGVET. ANDREA ROSTOLAN, IN, EADEM CVRIA CAVSIDICO.

FIN.

9 782329 608167